Como vencer o medo de fracassar

Dados Internacionais de Catalogação na Publicação (CIP)
(Câmara Brasileira do Livro, SP, Brasil)

Morschitzky, Hans

Como vencer o medo de fracassar / Hans Morschitzky ; tradução de Márcia Neumann. – Petrópolis, RJ : Vozes, 2007.

Título original: Die Angst zu versagen und wie man sie besiegt.

ISBN 978-85-326-3534-1

1. Autoconhecimento – Teoria 2. Desempenho 3. Fracasso (Psicologia) 4. Medo. 5. Motivação (Psicologia) I. Título.

07-4798 CDD-158.1

Índices para catálogo sistemático:

1. Medo de fracassar : Psicologia aplicada 158.1

Hans Morschitzky

Como vencer o medo de fracassar

Tradução de Márcia Neumann

EDITORA VOZES

Petrópolis

Título original alemão: Die Angst zu versagen und
wie man sie besiegt

Direitos de publicação em língua portuguesa:
2007, Editora Vozes Ltda.
Rua Frei Luís, 100
25689-900 Petrópolis, RJ
Internet: http://www.vozes.com.br
Brasil

Editoração: Maria da Conceição Borba de Sousa
Projeto gráfico: AG.SR Desenv. Gráfico
Capa: Juliana Teresa Hannickel
Revisão da tradução: Saulo Krieger

ISBN 978-85-326-3534-1 (edição brasileira)
ISBN 3-530-40183-8 (edição alemã)

Este livro foi composto e impresso pela Editora Vozes Ltda.

Sumário

Prefácio

O medo bateu à porta. A confiança a abriu. Não havia ninguém lá fora.
China

Você tem medo de fazer o que lhe é solicitado? De não corresponder às expectativas dos outros? O medo de fracassar tornou-se um dos sentimentos mais freqüentes em nosso tempo. Vivemos hoje em uma sociedade que valoriza o desempenho. O sucesso e a capacidade constante de desempenho em todas as áreas imagináveis estão entre os mais importantes valores e objetivos. Em todos os momentos devemos satisfazer às exigências de desempenho impostas pela sociedade.

Nas atuais situações de vida e de mercado de trabalho os medos de realizar muito pouco ou de fracassar totalmente tornam-se cada vez maiores. Os receios de fracasso levam muitas pessoas a visões terríveis. Aquele que não satisfaz às expectativas de desempenho relacionadas à profissão e à vida privada é visto como um fracassado, está "por fora" e é substituído – não só como funcionário, mas também como parceiro na vida a dois. Quem não corresponder à pressão pelo desempenho da sociedade perde prestígio social e torna-se um marginalizado. Isso é válido até mesmo para nosso tempo livre: avaliamos *hobbies*, esportes, férias, o modo de vestir e a sexualidade segundo critérios de satisfação ou de não satisfação de padrões de desempenho.

Em nossa sociedade orientada para o desempenho não raro o que conta são apenas valores como sucesso, vitória, carreira, ascensão profissional, prestígio, lucro, produtividade, aumento no faturamento – não há lugar para nada em contrário. Palavras como "falhar, perder, dar errado, erro, fracassos, insucesso, derrota, fraquezas, inferioridade, crise profissional e decadência social" provocam medo.

São passados os tempos em que o desempenho garantia a ascensão e o sucesso. Apesar de sua disposição para o desempenho verifica-se, na vida de um número cada vez maior de pessoas, uma tendência ao declínio ou vê-se mesmo pessoas que se desencaminham como os vagões de um trem descarrilado.

Nas livrarias há inúmeros livros populares especializados em ensinar o caminho para o sucesso, mas quase não há livros que ensinem como podemos aprender a lidar com o fracasso, seja este temido ou real.

O tema central deste manual são as fobias de desempenho – suas formas, conseqüências, causas e as possibilidades de superação; ele se destina em primeira mão às pessoas (ainda) saudáveis que gostariam de ser ajudadas a lidar melhor com o estresse e com a pressão pelo desempenho, e a poder descobrir um sentimento de auto-estima que não seja unilateralmente dependente de seu desempenho.

Como psicólogo clínico e psicoterapeuta, vejo cada vez com mais freqüência quanto o fracasso temido ou real determina o estado físico, mental e espiritual de meus pacientes. Enquanto eu me dedicava a este livro, analisei o que têm em comum as pessoas que padecem de distúrbios fóbicos, depressões, abuso de drogas e de outras substâncias, distúrbios psicossomáticos, distúrbios de alimentação e dores, e isso mesmo enquanto eram saudáveis: e o que tinham em comum era o medo de fracassar.

Com este livro eu procuro oferecer, além de uma visão geral sobre os medos do fracasso, um conjunto de sugestões para que se possa vencer seus medos do desempenho. É meu intento e de meu interesse fortalecer sua confiança em suas próprias possibilidades de superar os medos do desempenho e do fracasso, e ajudá-lo a evitar distúrbios psíquicos ou psicossomáticos, ou facilitar-lhe a libertação desses distúrbios.

A primeira parte do livro descreve as diferentes fobias de desempenho e de fracasso na educação, na profissão e na esfera social.

A segunda parte examina diversas explicações sobre as causas dos medos de fracassar e ilustra estratégias de superação inadequadas, assim como seus efeitos.

A terceira parte ajuda a analisar o seu medo de fracassar, a entendê-lo melhor e a vencê-lo – quando se propõe seguir uma estratégia de 20 passos.

O medo de fracassar não deve paralisá-lo, mas ser um incentivo para que você aja. Este livro terá cumprido sua tarefa se lhe possibilitar a saída da espiral do medo, que gira segundo o esquema "ter de funcionar sempre – medo de fracassar – querer desempenhar ainda mais – completo esgotamento e Síndrome de Burnout". E é isso que lhe desejo de todo coração.

Duas pessoas foram muito importantes para a conclusão deste trabalho: a Anni Bürkl, escritora e jornalista em Viena, agradeço por ter conferido ao meu texto uma forma leve e fácil de ler, e isso o fizemos em um ambiente leve e agradável de trabalho em conjunto. À Doutora Christiane Neuen, editora, agradeço por ter tornado este livro ainda mais atraente com suas inúmeras sugestões.

Hans Morschitzky

1
O medo de fracassar tem muitas faces

Aquele que não conhece o medo não é corajoso; corajoso é aquele que conhece o medo e o domina.
Khalil Gibran

1.1. Entre a motivação e a destruição – Os medos de desempenho e seus efeitos

Um campeão que não tem medo perde.
Lance Armstrong

Medo e desempenho – Depende da dose

Não entre em pânico: o medo faz parte da vida; é um sentimento humano bastante normal. É um acompanhante útil da vida diária – da mesma forma que a alegria, os aborrecimentos, a raiva ou a tristeza. Os sentimentos nos motivam a fazer algo e a nos modificarmos. Comunicamo-nos com as outras pessoas por meio de nossos sentimentos e com eles influenciamos o seu comportamento. Emoções como o medo têm por objetivo provocar um movimento de nosso corpo em direção a algo. Dentro da palavra *emoção* encontra-se a palavra em latim para movimento (*motio*), que descreve de forma muito apropriada o estado em situações de medo intenso.

O medo ativa nosso corpo e nosso espírito em situações ameaçadoras. Ele nos protege a vida e a saúde dos perigos e de auto-superestimações. O medo estimula nosso corpo a altos rendimentos. Ele nos obriga a usar de todo nosso potencial para encontrar uma saída ante uma situação perigosa, seja ela fictícia ou real. O medo racional apresenta uma função protetora para todas as pessoas. Ele impede o falso sentimento de segurança aparente.

A libertação total do medo não é um objetivo que se ambicione alcançar. O sonho de uma vida sem medos constitui uma ilusão perigosa. Libertar-se do medo é um objetivo ambicionável somente se se tem em vista os medos mórbidos. Mesmo para os atletas, vale o princípio: "Aquele que pára de ter medo, vive perigosamente". Diante do perigo e de sustos o corpo é preparado para um desempenho recordista. O medo é uma força – quando sabemos utilizá-lo. Muitas atitudes ousadas são empreendidas justamente por causa da "cócega nos nervos" que ele nos provoca – e o faz de um certo prazer em sentir medo. Porém, aquele que nessa situação se superestimar poderá perder a vida, pois não levou suficientemente a sério o caráter de alerta do medo.

Este livro trata de um determinado tipo de medo: o medo de fracassar. Ele afeta todas as áreas centrais da vida: a educação, a profissão e as relações interpessoais. Tememos o fracasso quando diante de determinadas tarefas nos sentimos muito fracos ou incapazes. Desenvolvemos fobias de desempenho quando nos sentimos sem condições de corresponder a exigências diversas. Nossos padrões de pensamento produzem medo. Quanto mais julgarmos difícil ou ameaçadora dada situação, maior será o medo que teremos dela. Nosso medo de fracassar eleva-se na mesma medida em que nos sentimos mental, física ou socialmente exigidos e ao mesmo tempo nos vemos avaliados e criticados pelos outros.

Muitas pessoas têm medos pouco acentuados de fracassar, medos sociais ou medos de falhar diante dos outros. Isto é normal. Nossos medos expressam o que é importante para nós: sucesso e reconhecimento por parte das outras pessoas. Quanto mais alguma coisa for importante para nós, maior será nosso medo de perdê-la. Para entender nossos medos de desempenho devemos refletir sobre nossos próprios valores, atitudes e objetivos de vida.

O medo de desempenho necessita ser tratado quando o medo de fracassar bloqueia de tal modo nossa capacidade de pensar, nosso conhecimento, nossa competência e habilidade, a ponto de prejudicar consideravelmente nosso cotidiano na escola, na profissão e no convívio social.

Existem muitos estudos sobre o modo como o medo influencia nosso comportamento de desempenho. Esses estudos confirmam que o medo em situações de prova pode incentivar ou dificultar o desempenho.

Quando o medo se apresenta sob um grau médio nos esforçamos de forma mais intensa. Nossa concentração aumenta nas situações em que realizamos alguma coisa. Certa dose de medo aumenta nossa atenção, nossa vigilância, nossa disposição intelectual e motora para realizar alguma coisa. O excesso de medo, ao contrário, afeta nosso pensamento, e temos dificuldade de concentração. Isso pode progredir até que nossas capacidades estejam totalmente bloqueadas.

A relação entre o medo e o desempenho corresponde a uma curva. Muito pouco medo e estímulos produzem despreocupação – falta o impulso. Medo e estímulos demais nos põem desajeitados e inibidos, sentimo-nos paralisados e bloqueados mentalmente. Por outro lado, um grau médio de medo – o medo de provas adequado e ideal – motiva e mobiliza a um desempenho de alto nível.

Um certo grau de medo nos protege da rotina. Esse medo nos faz ser autênticos e naturais. Motiva-nos a continuar a dar o melhor de nós. O medo que os atores e cantores sentem ao se apresentar em público não é diferente. Os artistas não se sentiriam tão autênticos e ativos se não estivessem nervosos antes de suas apresentações. Os ingressos para estréias de peças teatrais ou para óperas são tão cobiçados porque uma peça em sua primeira apresentação é representada com mais empenho e intensidade do que em sua centésima apresentação. A rotina sem uma pitada de medo encerra para os atores e para o público o perigo do tédio, porque falta aquele "quê". O pianista Arthur Rubinstein disse certa vez que sem um pouco de medo dos holofotes ele e seu público se entediariam.

Para o compositor Chopin, quando temos medo dos holofotes queremos demonstrar mais do que de fato podemos. Nesse sentido é importante que os músicos, atores e atletas conheçam suas capacidades, mesmo que ambicionem sempre o melhor para suas carreiras. Quando temos medo dos holofotes devemos encontrar o equilíbrio entre o que desejamos apresentar e o que de fato podemos.

Sigmund Freud distingue o medo real saudável e o medo neurótico, doentio. O medo neurótico é um medo inadequado, exagerado, que não serve a propósito algum. Não é o medo em si, mas sim sua dimensão e suas conseqüências que determinam se o medo protege e estimula – ou prejudica e paralisa. Por isso, podemos distinguir entre o medo construtivo e o medo destrutivo.

O medo faz escola – Quando se dá asas ao medo

Você se deixa impelir pelo medo? O medo construtivo pode ser um motor para o nosso sucesso individual. O medo nos motiva a agir em situações individuais e sociais ameaçadoras. Ele pode então favorecer o processo de amadurecimento pessoal e o progresso social. O medo é útil e aumenta nosso desempenho, quando nos auxilia a agir de modo eficiente. Lidamos então de modo construtivo com o medo se o usarmos em nosso proveito como energia propulsora e protetora.

Muitas personalidades midiáticas (músicos, escritores, cantores, atores, atletas, pesquisadores, políticos e economistas) foram impulsionadas pelo medo de não serem boas o suficiente ou de não serem melhores que os outros. Por medo de não serem amadas, da crítica, do fracasso ou da mediocridade essas personalidades elevaram sua eficiência por meio de treinamento intensivo ou de dedicação ao trabalho superior à média. Empresários e políticos aumentam, à custa de um esforço enorme, seu ganho econômico e sua esfera de poder político por medo de não terem dinheiro, fortuna e poder suficientes e, por isso, acabarem naufragando na insignificância.

A nossa motivação é ser melhor do que os outros. Na comparação social queremos ter a primazia. Queremos nos destacar em função da carreira, dinheiro, *status*, estilo de vida e conhecimento. Temos medo de não podermos conseguir alcançar o mesmo desempenho escolar, os mesmos objetivos profissionais e condições salariais que os outros. O medo de estarmos pior em relação a nossos semelhantes nos mobiliza a desempenhos de alto nível.

Conclusão: muitas pessoas que têm medo de fracassar têm uma necessidade de perfeição muito elevada, que os leva à sua melhor forma. Com isso alcançam desempenhos excelentes, que são admirados por todos.

Psicólogos apresentam quatro razões para o fato de as pessoas que têm medo com freqüência fazerem carreira mais rapidamente que as outras:

- Elas têm um nível de autocrítica muito elevado, raramente se enaltecem, procuram sempre encontrar algum erro e o corrigir.
- Jamais estão ou ficam satisfeitas com o que alcançaram, procuram sempre aperfeiçoar alguma coisa, querem sempre realizar algo mais e nunca dormem sob os louros colhidos.
- Não têm condições de acompanhar uma situação de forma passiva – ao contrário, procuram sempre o momento certo para interferir.
- Necessitam situações caóticas e usam o caos como um recurso para alcançar seus objetivos; situações que não possuam um desfecho claro não os atrapalham, e sim os estimulam.

Fracasso e autodesvalorização – Quando o medo paralisa

Você se movimenta em um círculo vicioso de medo e de fracassos? Os medos de fracassar podem ser tão destrutivos que paralisam. Medos destrutivos de fracasso produzem exatamente o que temem as pessoas que são afetadas por eles: o fracasso diante de uma tarefa importante. Medos de desempenho e de fracassar são destrutivos quando não têm motivo, manifestam-se de maneira muito intensa e persistem por muito tempo. As pessoas que os possuem não se vêem em condições de superá-los. Sempre esperam fracassar e gostariam de evitar todo e qualquer desafio. Medos destrutivos de fracasso causam grande sofrimento e diminuem a qualidade de vida. As pessoas assoladas por esse medo não conseguem realizar suas tarefas escolares, profissionais ou sociais – e então têm realmente mais uma vez um motivo para o seu medo de fracassar.

Muitas vezes o pior não são os erros e os insucessos em si, mas a atitude que se tem diante deles: a de avaliarmos o erro como um grande fracasso e não como chance para aprender algo.

Você pensa no problema ou em sua solução? Pessoas orientadas para o sucesso e pessoas bem-sucedidas aprendem com seus erros; diante de problemas pensam nas possibilidades de solução. As pessoas voltadas para o fracasso e muitas vezes as malsucedidas avaliam as experiências em que fracassaram como prova de sua incapacidade. Estão sempre censurando a si mesmas e se afligem demais com as censuras dos outros. Ao confrontarem-se com dificuldades preocupam-se, acima de tudo, com as conseqüências do fracasso – do fracasso que elas esperam. Enquanto as pessoas orientadas para o sucesso esquecem rapidamente seus erros, as pessoas voltadas para o insucesso preocupam-se sempre com os erros, e de modo destrutivo. Em resumo: as pessoas voltadas para o sucesso buscam uma solução, as orientadas para o fracasso pensam no problema e no seu fracasso.

Medos de fracasso põem em movimento uma espiral negativa, da qual não é fácil escapar. Os primeiros erros fortalecem o medo de fracassar. Em conseqüência as pessoas atingidas esforçam-se ainda mais, exigem demais de si próprias, cometem novos erros e então se tem confirmado o seu fracasso. Cumpre-se a profecia que fizeram a seu próprio respeito: a cada nova tarefa a própria incapacidade se torna visível a todos. O medo de fracassar acompanha os que o possuem como sua própria sombra.

Você se critica demais? As pessoas que têm medo de fracassar criticam-se de modo muito mais intenso. Elas estreitam cada vez mais sua forma de pensar, sua vida afetiva e seu comportamento com seu medo de fracassar. Tornam-se pessoas nervosas, algumas vezes agressivas e evitam atividades que são necessárias. Perdem a alegria de viver, não conseguem mais dormir, têm dores psicossomáticas e tendem ao abuso de álcool e de medicamentos.

Medos de fracassar em apresentações ou palestras também podem atormentar pessoas experientes em suas áreas de atuação, assim como pessoas bem-sucedidas profissionalmente. Por trás desses medos encontra-se o medo real de ter de aceitar de fato o prejuízo causado por uma má apresentação, por uma ambição exagerada: essas pessoas têm medo de nunca serem boas o bastante e de decepcionar os outros. Querem evitar críticas a qualquer preço.

Podemos distinguir três tipos de medos destrutivos de fracasso, os quais, em casos isolados, interferem ao mesmo tempo:

1) *Medos de fracassar cognitivos*. As pessoas afetadas por essas fobias sofrem com o medo de falhar mental e tecnicamente em situações de desempenho, porque duvidam de suas capacidades cognitivas e da extensão de seu saber. Esse tipo de fobia aparece de forma característica em situações de prova, nas quais os candidatos devem demonstrar conhecimento de fatos e capacidades intelectuais, pensar de maneira conclusiva e reconhecer relações lógicas. Quanto mais ameaçadora for a sensação subjetiva de fracasso, mais forte será o medo de fracassar.

2) *Medos de fracassar de caráter motor*. Essa forma de medo surge em atividades e modos de comportamento em que são exigidas habilidades práticas que não acreditamos possuir. Na escola trata-se, acima de tudo, dos medos das aulas destinadas à prática esportiva, de desenho e de arte, enquanto na vida adulta esses temores mostram-se na prova prática de direção para a obtenção da carteira de motorista, no desempenho de atividades manuais no trabalho, ou em

certas profissões (caso de músicos ou atletas) em situações de desempenho.

3) *Medos sociais*. As pessoas que sofrem de fobias sociais sentem-se inseguras no convívio com outras pessoas. Essa insegurança as incomoda, elas estão sempre angustiadamente preocupadas em ser bem aceitas pelos outros e de modo algum parecerem ridículas. Seu objetivo principal é a aceitação social. Querem, e de forma absoluta, evitar qualquer crítica. Mesmo quando elas mesmas estão convencidas de sua própria eficiência podem sentir medo de não satisfazer as expectativas dos outros e, por esse motivo, serem rejeitadas.

As pessoas tomadas por essas fobias vivenciam o medo do fracasso e o fracasso real tão mais negativo quanto mais intensa a sua auto-estima e sua aceitação social, em épocas anteriores, tenham dependido de sua eficiência. O medo de fracassar pode paralisar o corpo, a mente e a alma de tal forma que a capacidade máxima de desempenho já não é mais disponível. As conseqüências são o fracasso no desempenho de fato e... mais medo de fracassar.

O medo que tudo paralisa – Quando o medo faz adoecer

Os três distúrbios psicológicos mais freqüentes (depressão, fobias, problemas de alcoolismo) assim como algumas outras doenças psíquicas têm não raro uma base comum: o sentimento, o convencimento do fracasso ou a experiência de fracassar, haver fracassado e fracassar repetidas vezes:

- Pessoas com depressão processam mentalmente suas fraquezas reais ou supostas de forma doentia. Desenvolvem um medo permanente de fracassar, de no futuro não conseguir dar conta de coisa alguma. Uma em cada cinco pessoas sofre no decorrer de sua vida de uma depressão que quase sempre provém do medo de fracassar. Segundo previsão da Organização Mundial da Saúde, para o ano de 2020, depois das doenças cardiocirculatórias os distúrbios depressivos serão, em todo o mundo, a segunda causa mais freqüente para a antecipação da aposentadoria por invalidez. Isso certamente está relacionado à exigência de desempenho crescente em nossa sociedade.

• Pessoas que têm problemas com o álcool tentam, com essa droga, dominar o estresse de nossa sociedade de desempenho e superar todas as suas fraquezas e a insegurança. Um problema com o álcool acaba, no entanto, por fortalecer o medo de desempenho: por causa das conseqüências do consumo crônico de álcool, a probabilidade de cometer erros aumenta e, em função disso, a de fracassar aumenta ainda mais.

• Pessoas com distúrbios fóbicos desenvolvem e intensificam seus sintomas não raro ante um pano de fundo todo ele pautado por uma expectativa exagerada, condicionada pela sociedade e pelo próprio indivíduo, segundo a qual não existe lugar para fraquezas ou perda temporária de controle. Ter tudo sob controle é tido como o objetivo mais importante. Se não dá certo, essas pessoas são tomadas pelo pânico. Desenvolvem um distúrbio de pânico ou um distúrbio fóbico generalizado. Pessoas com fobias sociais vêem a si mesmas e a seu comportamento da perspectiva do ambiente social: por causa de pretensas fraquezas, seus semelhantes as criticariam ou as rejeitariam. Conforme o estudo e o país em que ele foi realizado, de 15% a 25% das pessoas já sofreram de medos mórbidos em algum momento da vida. Quase 1 em cada 10 alemães (9%) sofre atualmente de medos que demandam tratamento.

• Pessoas com transtornos obsessivos e perfeccionismo compulsivo acreditam que não precisam ter medo de fracassar, se tudo for perfeito. Mas como a perfeição não existe, esse pensamento intensifica o círculo vicioso da obsessividade. Calcula-se que, em algum momento da vida, 2,5% da população sofra de algum distúrbio obsessivo, que pode ter como causa uma luta contra um possível fracasso.

• Pessoas com distúrbios psicossomáticos padecem muitas vezes do temor de não poder (mais) conseguir acompanhar física, mental e espiritualmente nossa sociedade de desempenho. As dificuldades correspondentes expressam-se em seus sintomas e dores.

• Pessoas com distúrbios da função sexual desenvolveram seu medo de fracasso a partir de algumas experiências constrangedoras. Nos homens com disfunção erétil a expectativa de um fracasso sexual provoca um medo de desempenho real, que impede tanto mais uma ereção espontânea. A insegurança que isso produz no papel sexual masculino provoca não raro um comportamento esquivo. Nas mulheres é freqüente fingir o orgasmo, para encobrir o pretenso fracasso. Portanto, a sexualidade, também para as mulheres, é reduzida a uma questão de funcionar ou fracassar.

Nas pessoas profissionalmente bem-sucedidas os sintomas dos distúrbios do medo seguem muitas vezes o seguinte padrão: fobias sociais iniciais surgem em função da tensão interior, ataques de pânico freqüentes, com o aumento do esgotamento em conseqüência da sobrecarga de exigências, não é raro ou difícil que se desenvolva também uma depressão.

1.2. O medo de desempenho atinge todas as pessoas

Quem teme seus próprios medos, já se entregou a eles.
Ernst Ferstl

Do medo normal de holofotes ao medo de fracassar doentio, há diversas formas de lidar com as exigências de desempenho na formação educacional, na profissão e nas relações sociais. Os sinais dos medos de desempenho e do fracasso podem diferir de pessoa para pessoa, e a superação bem-sucedida desses medos exige em cada caso que se leve em consideração todos os aspectos relevantes.

Os psicólogos distinguem dois componentes dos medos de provas e dos medos de fracasso: um aspecto físico e emocional, que se manifesta em excitação, e um mental, representado pela preocupação. A preocupação diante de uma situação de desempenho vivenciada subjetivamente como difícil é o problema principal. Os sintomas físicos de excitação desenvolvem-se, antes de qualquer outra coisa, com a sensação de medo. Essa excitação, por sua vez, fortalece o temor de fracassar – forma-se então um círculo vicioso. Quando a excitação física é vivenciada como incômoda demais, tal se baseia normalmente na sensação desagradável de uma constante tensão no corpo. Por outro lado, uma excitação breve aumenta a atenção de forma positiva. Quando, por exemplo, lemos um romance policial, essa tensão provoca até mesmo um verdadeiro prazer em sentir medo.

Pensamento, sentimento, estado físico, ação – Os quatro níveis do medo

Os medos de desempenho e de fracassar nos atingem em nossa personalidade como um todo; eles nos moldam de quatro formas: no nível dos pensamentos; no dos sentimentos; no do estado físico e no dos modos visíveis de comportamento.

Pensamentos e idéias

Quando temos medo do próprio fracasso, nutrimos um excesso de pensamentos negativos, que, em suas formas "clássicas", são:

- Duvidamos de nossa competência e capacidade de realizar o que foi exigido ("não vou conseguir, tá na cara...").
- Autodepreciamo-nos constantemente ("sou burro demais pra fazer qualquer coisa!").
- Esperamos ser rejeitados pelos outros ("ninguém vai querer um fracassado como eu!").
- Tememos conseqüências prejudiciais caso fracassemos de fato ("então... terei de interromper o curso!").

Nossos pensamentos são, freqüentes vezes, a causa de nossos sentimentos, formas de comportamento e padrões de reação física. Nas situações sociais o que nos faz sentir medo não são em primeira mão os sintomas físicos, e sim a maneira como nós os avaliamos. Nós os sentimos como expressão visível de fraqueza, grande insegurança e de um fracasso constrangedor. Não queremos de modo algum admitir esses estados interiores diante dos outros: eles devem permanecer incondicionalmente encobertos – quem gostaria de parecer fraco dos nervos?

Muitas vezes imaginamos determinadas situações como por demais apavorantes e com isso inspiramos medo em nós mesmos. Tememos o que achamos ameaçador. Como em um quadro, coloca-se diante de nossos olhos a imagem de tudo o que poderíamos fazer de errado e o que aconteceria então: "O que acontecerá se eu não conseguir fazer bem esta prova?" etc. Quando, temerosos, construímos em nossa imaginação a imagem de um fracasso esperado, isto exerce um efeito devastador sobre nossa capacidade de desempenho. Se tivermos sempre nosso fracasso diante dos olhos, acreditaremos cada vez menos na possibilidade de poder superar uma prova ou uma tarefa profissional iminente. As fantasias negativas de catástrofe nos desviam de tal maneira de nossa tarefa concreta, que nossa atenção e concentração são prejudicadas por isso. E o desempenho de nossa memória e nossa capacidade de pensar diminuem de fato.

Sentimentos

Reagimos a tarefas futuras com uma gama de intensos sentimentos. Vivenciamos medo, pânico, insegurança, vergonha, falta de vontade, aborrecimento, raiva, irritação, agressividade, variação de humor, crises de choro, abatimento – ou também a alegria de poder mostrar em breve do que somos capazes. Sentimo-nos oprimidos, constrangidos, inferiorizados, desencorajados, desamparados, agitados. Muitas vezes escondemos nossa insegurança por trás de uma máscara de agressividade. Aborrecemo-nos quando fazemos algo errado, porque tememos que as outras pessoas deixem de nos estimar por esse motivo. Algumas vezes, por vergonha de nossos erros, gostaríamos que o chão se abrisse e fôssemos engolidos por ele.

Por outro lado, sentimos uma alegria antecipada quando nos vemos à altura de realizar alguma coisa. Sentimentos positivos como a alegria com uma atividade tornam o trabalho mais leve; sentimentos negativos como o medo ou a falta de entusiasmo diminuem nosso desempenho.

Estado físico

Nosso corpo reflete o que pensamos e o que sentimos. Na maioria das vezes não sentimos muito medo das reações corporais – como ficar vermelho, transpirar ou tremer – em si. Contudo, vivenciamos esses sintomas como constrangedores, pois com eles poderíamos nos apresentar aos outros como um "à beira de um ataque de nervos". Os desconfortos físicos na fobia de desempenho consistem em uma quantidade de sintomas visíveis e não-visíveis, provenientes das regiões orgânicas cardiocirculatória, respiratória, gastrintestinal, renal, genital, cutânea e do sistema muscular.

Os principais sintomas são: rubor, palidez, sudorese, mãos trêmulas, náuseas, enjôos e vômitos, falta de apetite, apetite exagerado, indisposição estomacal ou "frio na barriga", gazes, arrotos, dores abdominais, diarréia nervosa, micções freqüentes, palpitações ou taquicardia, batimentos cardíacos irregulares, alterações da pressão sangüínea, temperatura alta, febre, calafrios, mãos frias, fraqueza, respiração entrecortada, falta de ar, sensação de pressão e aperto no peito, ansiedade, sensação de aperto e nó na garganta, boca seca, dificuldades para engolir, dores de cabeça, tontura, tensão muscular, tensão na nuca, enrijecimento corporal, pernas bambas, cansaço, tremor nas pálpebras, sensação de formigamento na pele ou nos dedos, urticária, distúrbios do sono, zumbido nos ouvidos, distúrbios visuais.

Comportamento visível

Podemos reconhecer o medo e o nervosismo em uma série de modos de comportamento verbais e não-verbais. O medo se revela quando falamos demais, quando falamos muito depressa ou coisas sem nexo, quando não encontramos uma palavra ou ficamos travados durante a fala. Quando não falamos de forma fluente, gaguejamos, fazemos pausas em momentos em que não cabe nenhuma pausa. Quando nossa voz torna-se monótona, trêmula, muito alta ou muito baixa. Nossa respiração torna-se curta, demonstramos visível intranqüilidade e agitação. Precisamos pigarrear com freqüência e sorrimos de forma não natural. Evitamos olhar nos olhos do interlocutor ou do nosso público. Rabiscamos nervosamente ou brincamos com os objetos em volta. A postura se contrai, nossos gestos parecem inibidos e pouco expressivos. Nossos movimentos são agitados, andamos sem rumo de um lado para outro ou até saímos correndo.

Um comportamento agitado ou como que paralisado deixa nas outras pessoas uma impressão de grande insegurança. As pessoas que têm medo da convivência social ou que são tímidas costumam parecer convencidas e arrogantes. De fato, muitas vezes elas evitam o seu semelhante porque se sentem inseguras para conviver com os outros.

Quando as pessoas têm medo de fracassar, muitas vezes não conseguem dormir ou despertam várias vezes – estão interiormente inquietas. Na maioria das vezes procuram se livrar das tensões, estas que o medo condiciona, por meio de tranqüilizantes, álcool ou comendo excessivamente. Refugiam-se em ações rotineiras sem importância, para se distrair. Ao protelar as provas, procuram temporariamente relaxar e evitar sensações de indisposição.

As pessoas atingidas pelo medo de fracassar sofrem de diferentes maneiras pelos aspectos cognitivos, emocionais, físicos e comportamentais de seu medo. Para a maioria delas os pensamentos de fracasso, de fraqueza, de incapacidade e de rejeição social vêm em primeiro plano. Algumas se exasperam com seus sintomas físicos. Muitas não conseguem lidar com seus sentimentos de aflição, alterações de humor e enorme insegurança. Outras, por sua vez, não conseguem controlar o próprio comportamento e tendem à fuga e ao comportamento esquivo.

Se, em uma das quatro áreas assinaladas, você consegue lidar melhor e de forma construtiva com seu medo, será freqüente acontecerem também, de modo espontâneo ou através do próprio esforço continuado, modificações positivas nos três outros níveis.

Biologia do medo – O corpo determina a intensidade

Sempre que sentimos medo reagimos de quatro maneiras, que se desenvolveram e também se mantiveram ao longo da evolução:

- reação de fuga ("melhor correr!");
- reação de luta ("ataque o adversário e vença-o!");
- submissão: reconhecimento da derrota, capitulação (ceder, ficar calmo e não dizer nada);
- paralisação dos movimentos ou reflexo de "fazer a morte" (ficar paralisado, não se mover – ou desmaiar repentinamente, para não perceber o que se passa em volta).

Esses programas biológicos não se processam da mesma maneira e também não seguem o mesmo padrão em todas as pessoas. Podemos exercer certo grau de influência sobre eles, pela inteligência, pela vontade e pelo treinamento. É exatamente isso que confere ao medo um caráter humano: em situações de perigo continuamos a ser conduzidos por programas biológicos sem a interferência de nossa consciência. No entanto, pela experiência e pelo aprendizado podemos intervir no padrão de comportamento herdado.

Quando sentimos medo, nosso cérebro envia um alarme para o corpo inteiro, a fim de prepará-lo para o embate ou para a fuga. A avaliação mental de uma determinada situação como perigosa acontece no córtex cerebral. Outra parte do cérebro, o chamado sistema límbico – as amígdalas, sobretudo –, classifica a situação como emocionalmente ameaçadora. O hipotálamo, na condição de sistema central de controle hormonal, induz a hipófise a distribuir o neurotransmissor ACTH (hormônio adrenocorticotrópico) na corrente sangüínea. Em reação a isso, as glândulas supra-renais liberam adrenalina, o hormônio do estresse breve, e cortisol, o hormônio do estresse contínuo. No tronco cerebral é liberada a noradrenalina, hormônio que, mais do que qualquer outra coisa, deixa em estado de alerta o coração e a circulação. Nosso corpo reage ao medo e ao pânico com aumento dos batimentos cardíacos e da pressão sangüínea. O volume de sangue bombeado para os músculos aumenta, os músculos se retesam, a respiração é acelerada, enquanto, ao mesmo tempo, muitas vezes sobrevêm uma sensação de indisposição estomacal e a necessidade freqüente de urinar e defecar.

Em meio a essa reação biológica de emergência nosso corpo mobiliza todas as forças, a fim de se proteger. Alarmados dessa forma, em situações de desempenho posto à prova e de apresentações públicas, sentimo-nos tensos como se ante de uma verdadeira luta pela sobrevivência. Quando então nos preparamos para uma prova, essa ativação do corpo – diferente da que se tem por ocasião de uma luta campal – é muito mais forte. Para superar com êxito algumas tarefas intelectuais, não fazemos uso de força muscular, mas da capacidade de raciocinar e da memória em ação.

Menos conhecido – só mesmo em situações de intenso estresse físico e psíquico –, a beta-endorfina, hormônio do estresse, é liberado no cérebro. Em momentos de risco iminente, a beta-endorfina nos deixa tranqüilos e relaxados – sem contar que a dor é menor.

Muitas vezes evitamos situações que produzem medo, porque concluímos, de maneira equívoca, da excitação física, que somos ameaçados de fato. No entanto, essa atitude esquiva não leva a nada, até porque o medo excessivo não resultará em experiências positivas. Nosso corpo não tem a menor chance de se acostumar à situação que produziu o medo. Porque não enxergamos nenhuma possibilidade de fuga, permanecemos em uma tensão contínua, que é desagradável nas situações de desempenho. Isso então nos bloqueia de fato no que diz respeito às tarefas concretas.

A superativação do corpo em situações que exigem desempenho exerce um efeito bastante incômodo em muitas pessoas. Os betabloqueadores, ou seja, as substâncias que atuam no coração e na circulação são considerados *doping* no atletismo, razão pela qual são proibidos, muito embora não exerçam efeito direto sobre o aumento do desempenho. No entanto, eles provocam um alívio na maneira de lidar com o intenso nervosismo ante uma competição – o que o caracteriza como meio ilegítimo.

As pessoas reagem aos medos crônicos ou às situações de estresse mais intensamente, com as áreas orgânicas que para elas representam os pontos fracos de seu corpo. Quanto a isso, os profissionais distinguem três tipos de indivíduos:

1) o tipo cardiocirculatório, que apresenta queixas cardiocirculatórias e respiratórias, alterações da pressão sangüínea, sudorese excessiva ou calafrios;

2) o tipo estômago-intestinal, com queixas referentes ao estômago, náuseas, ânsia de vômito, gases ou diarréia;

3) o tipo irritado difuso, com agitação interna, tensão generalizada, joelhos trêmulos e fraquejantes, tremores percorrendo o corpo, agitação ou distúrbios do sono.

O poder da imaginação – Eis que na mente surge a ameaça

Os pensamentos dotados de imagens não são exatamente entes enfumaçados e de conteúdo sonoro, mas sim forças poderosas, capazes de acionar muita coisa para o bem ou para o mal. A intensidade com a qual as representações mentais podem co-produzir a realidade é claramente demonstrada nas chamadas autoprofecias ou no efeito placebo de medicamentos que na verdade não produzem efeito algum. Muitas vezes se diz a pacientes com fobia: "É tudo produto da sua imaginação." Um bom poder para imaginar exerce efeito negativo na capacidade de imaginar. No entanto, como dom para atividades artístico-criativas, ele é absolutamente necessário. A leitura de um romance sem uma boa capacidade de imaginação logo se torna cansativa e monótona. No entanto, sentimo-nos mal em situações de desempenho exatamente porque, fazendo uso de nossa fantasia, imaginamos um mau resultado. Ocorre que o poder da fantasia é, ao mesmo tempo, a base para poder superar com êxito os medos do desempenho.

Os medos suscitados pela avaliação e pelo desempenho são tanto mais pronunciados quanto mais ilustramos nosso possível fracasso com cores fortes e quanto mais pálidas forem as imagens do sucesso em nossa imaginação. Em determinadas situações nosso cérebro não pode diferençar se "imaginamos" um resultado negativo ou se o vivenciamos de fato. E o corpo reage de forma semelhante às percepções ameaçadoras, internas ou externas, com um alto grau de ativação dos batimentos cardíacos, da pressão sangüínea, da respiração, da tensão muscular e do metabolismo.

Quando imaginamos determinado movimento, isso age principalmente sobre a porção direita do cérebro. As imagens mentais conduzem, através do sistema límbico (o centro das sensações) e através do córtex cerebral, responsável pela motricidade, a impulsos de ação e de tensão mínima da musculatura. Aparelhos para medir a tensão muscular podem comprovar os impulsos de movimento, que surgem na percepção ou na imaginação de um movimento. O metabolismo é mais forte, a pressão sangüínea aumenta, a respiração e os batimentos cardíacos são acelerados e os nervos periféricos são intensamente estimulados.

Medições realizadas em atletas revelaram que o cérebro antecipa o movimento do corpo 800 milésimos de segundos antes de uma reação da musculatura. Ou seja, o movimento já foi executado no cérebro antes de o corpo reagir. Um treinamento sistemático para apresentações ativa os mesmos processos nervosos e musculares que um treinamento físico no esporte.

O princípio da chamada ideomotricidade, a relação entre imagens idealizadas e movimento do corpo, é a base de muitos fenômenos hipnóticos e do treinamento mental no esporte. O significado prático mostra-se no treinamento em esportes olímpicos, assim como na reabilitação após ferimentos físicos. Sem nos movermos de fato podemos, com a mente, ativar de maneira objetiva uma parcela de músculos.

Graças aos esportes olímpicos o treinamento mental tornou-se conhecido de um amplo espectro da população, e a crença em seu efeito psicológico aumentou. As pessoas que têm medo podem aprender a preparar-se para as situações temidas, como os atletas.

Estudos demonstraram que pacientes fóbicos, em comparação com a média da população, possuem uma elevada capacidade de se deixar hipnotizar ou sugestionar. Pessoas de imaginação muito fantasiosa refletem intensivamente sobre acontecimentos, e por esse motivo são mais suscetíveis de sentir medo. Se nós, segundo o princípio da ideomotricidade, reagimos fisicamente a apresentações em público, torna-se também compreensível por que o medo nos incomoda fisicamente. Se por medo preferiríamos "correr" de uma determinada situação, nosso corpo é ativado. Mas se não podemos fugir de fato de uma reunião ou de um vagão de trem ou metrô, surge uma tensão muscular desagradável, que por falta de movimento não conseguimos aliviar.

Bloqueios de desempenho através do medo – O famoso "deu um branco"

Alguma dose de medo melhora nossa concentração e capacidade de raciocínio. No entanto, quando ele é excessivo, ficamos desconcentrados, memorizamos pouco, e nosso desempenho mental diminui. Se o medo ativa nosso corpo em demasia, ocorre o que se conhece pela expressão "dar um branco": Sentimos um vazio mental, um blecaute repentino ou perdemos o fio da meada durante a nossa fala. Dessa forma, torna-se difícil solucionar problemas diante de novas situações, porque conseguimos nos lembrar apenas com dificuldade, ou não lembramos absolutamente nada do conhecimento memorizado. Bloqueios de desempenho desse tipo podem ser explicados pelo modo de pensar, de sentir e do estado físico:

1) Na fobia de desempenho nos enredamos mentalmente em nossas imagens negativas e apavorantes de determinadas situações, e presos a elas constantemente giramos em círculos. Com isso, sem querer nos desviamos da tarefa a ser realizada. Nossa atenção é menor, e há uma dificuldade de concentração. De repente nos sentimos incapazes de pensar com clareza. Vivenciamos um blecaute mental, e em nossa cabeça parece imperar um vazio. Encontramos dificuldades para encontrar as palavras certas. Temos a impressão de que não podemos mais guardar nada na memória. Por vezes temos a sensação de estar fora de nós mesmos; o sentimento é de confusão, como um transe, e em certas ocasiões não conseguiremos nem mesmo ler um texto simples. Receamos o fracasso, em vez de desejar o êxito. Por força de pensamentos negativos do tipo "nasci para estar sempre por baixo", "certamente farei burrada" ou "como se não bastasse, ninguém gosta de mim", mantemo-nos presos a uma espiral formada pelo medo. Dramatizamos o fracasso eventual e nos encontramos sempre física e psicologicamente tensos.

2) Nas fobias de desempenho desenvolvemos não raro uma extrema excitação física. Nossos sentimentos superativam nosso corpo de tal forma, que nos sentimos permanentemente sob pressão. Aí mesmo é que não podemos produzir o desempenho esperado, porque, pela tensão, mal podemos pensar com clareza.

3) Em situações atemorizantes ficamos mais atentos a nossos sintomas físicos. Com isso também limitamos nossa concentração para a tarefa que temos diante de nós. Receamos que outras pessoas percebam nosso estado de excitação física. Queremos evitar, a todo custo, ser tidos como "psicologicamente perturbados". Esse modo de pensar aumenta o nosso medo de chamar a atenção – e evitamos ainda mais a situação temida.

4) Em situações que provocam medo nos preocupamos demais com os possíveis pensamentos e com as reações de

nossos observadores. Isto não só exerce uma vez mais um efeito perturbador sobre a nossa concentração, como também sobre o contato com as outras pessoas. Colocamo-nos, e desde o começo, na defensiva, e tentamos com isso evitar o pior – em vez de trabalhar tendo em vista o êxito. Perguntamo-nos a todo tempo: "Será que sou bom o bastante? O que os ouvintes estão achando das minhas palavras e do meu comportamento? O que os espectadores pensarão de mim, se eu tremer, transpirar ou ficar vermelho?" Empenhamo-nos com todas as nossas forças em reprimir essas constrangedoras reações físicas, para não causar nenhuma espécie de má impressão. A energia que desperdiçamos nos deixa então ainda mais tensos e desconcentrados. Isso faz com que muitas vezes o "risco" inerente a chamar a atenção aumente de fato.

1.3. "Eu não vou conseguir!" – O medo de fracassar

Ninguém sabe do que é capaz antes de haver tentado.
Públio Siro

O medo de provas – O medo de fracassar na escola e na formação profissional

Gabriela: medo de provas desde a escola primária até a prova de habilitação para conduzir veículos

Gabriela, 20 anos, solteira, escriturária. Quer tirar carteira de habilitação, mas tem medo da prova prática, no volante. Ela se sente da mesma forma que se sentiu no curso de dança, que interrompeu por medo de passar vergonha. Nos dois casos ela recebeu a mesma resposta: "Sim, você vai conseguir", mas acabou não confiando em si mesma para prová-lo em público, com medo do ridículo.

O medo de fracassar a acompanha mais ou menos desde o tempo do curso primário. Se alguma coisa não é importante para ela, tudo bem, ela não sente muito medo. Porém, o que ela deseja incondicionalmente alcançar produz opressão e medo do fracasso. Em uma análise minuciosa descobre-se que Gabriela, nas situações de prova, tem menos medo das lacunas de conhecimento do que dos comportamentos que chamem a atenção e sejam constrangedores. Desde a infância, antes e durante as situações de desempenho, ela apresenta sintomas vegetativos como palpitações, sentimentos de apreensão, náusea, dor de estômago e transpiração nas mãos. Porém, esses sintomas não a incomodam tanto como aqueles que há alguns anos a fazem chamar atenção para si: um blecaute, um branco, que poderia fazer com que ela fosse vista como desprovida de inteligência, além de uma tensão motora, que também a faz parecer desajeitada.

Tal como na escola, nas atividades e responsabilidades inerentes à vida adulta Gabriela não tem grandes dificuldades de aprendizado. No entanto, sob a pressão da prova ela não pode apresentar bem tudo o que sabe e pode fazer. Ela já fica com medo da prova que será o seu trabalho de encerramento de ciclo do ano seguinte e pensa até mesmo em, por esse motivo, abandonar o serviço público – e assim fugir de uma prova inevitável. Ela simplesmente não consegue conceber ser vista pelos outros como uma fracassada, embora saiba que domina muito bem os assuntos que poderão ser pedidos.

As provas de desempenho são um estresse inevitável

Desde pequenos aprendemos que desempenho e êxito estão relacionados. Na sociedade de desempenho de nossos dias sempre ouvimos coisas do tipo: “Se você pode algo, então você é alguém. Se você é alguém, então você tem algo”. O que alcançamos profissionalmente e a altura de nosso *status* social dependem do êxito obtido nas provas. O indivíduo que sofre do medo de fracassar não pode mostrar o que traz consigo, e fica aquém de suas possibilidades.

Os medos de provas são medos de fracassar cruciais durante a formação escolar e profissional. Dependendo da idade e do tipo de formação escolar, 9% a 25% dos estudantes têm medo de fracassar nas provas. O medo se torna mais expressivo a cada degrau da escolaridade. Uma em cada quatro estudantes e um em cada seis estudantes são atingidos por esse medo. Cerca de 40% dos estudantes sofrem com intenso medo de provas.

Esses medos atuam de duas maneiras: podem ser o impulso que bloqueia o estudo para a prova que virá, mas também podem bloquear o aprendizado e a reprodução do saber. Muitos estudantes só estudam de forma intensiva quando sentem medo ante a aproximação ameaçadora da data de uma prova. Esperam, literalmente, que o seu medo lhes dê asas. No entanto, o contrário também pode acontecer: sob o pânico muitas pessoas estão mais suscetíveis de falhar nas provas.

É fato: os resultados das provas determinam a escalada ou o declínio profissional. Deles dependem o desenvolvimento e o sucesso na vida, da mesma forma como dependem da apresentação pessoal e da competência social. Podemos observar como a pressão pelo desempenho se intensificou na moderna sociedade industrial. O risco de fracassar é real. Assim não causa espanto o fato de que muitas pessoas tenham medo de ficar no meio do caminho.

Precisamos cada vez mais realizar sempre o melhor, para sermos os melhores em nossa formação profissional e conseguirmos um emprego. O que vale é: "aquele que tiver as melhores notas escolares ou o melhor diploma universitário é escolhido para o emprego". As pessoas vivem sob intensa pressão de ter de mostrar desempenhos superiores à média e de ser melhores do que os concorrentes.

O medo de fracassar é tão mais justificável quanto menos houver possibilidade de formação profissional e menos vagas houver no mercado de trabalho – e também quanto maior for o número de candidatos com boas capacitações. A competição em processos de seleção e concursos é implacável. É necessário vencer toda sorte de obstáculos para ter êxito sobre a concorrência. A maioria dos estudantes já viveu esta experiência: em determinadas matérias a motivação não é a alegria de adquirir conhecimento, mas sim o medo de "levar bomba" em uma prova. As conseqüências não são ilusórias, são reais: em conseqüência do fracasso perde-se pelo menos um semestre ou a formação deixa de ser possível.

Diante do contínuo aumento dos medos de fracasso escolar, outro problema não deve ser esquecido: as crianças com talento e boas notas muitas vezes temem ser tachadas de "CDFs". Muitos estudantes capazes de bom desempenho não usam toda a sua potencialidade justamente com medo dessa pecha. Ao contrário da opinião corrente, não só os continuados fracassos, mas também os constantes desempenhos acima da média podem gerar medo e solidão. Fazendo valer o lema "aquele que se destaca tem suas asas cortadas", muitos estudantes não vão além de um desempenho mediano, para não chamar a atenção. Isto foi muito claramente demonstrado por um estudo que causou sensação: na Alemanha, a idéia de desempenho escolar com o objetivo de obter boas notas é vista de forma negativa, ao contrário do que ocorre no Canadá e em Israel.

Os medos de provas são medos de avaliação

Como "prova" em seu sentido mais amplo entendemos todas as situações nas quais nossas capacidades são avaliadas. Os medos de provas têm como base o medo da avaliação do saber e do comportamento individuais. É possível diferençar três instâncias de avaliação: o ambiente social (ouvintes, examinadores, chefe), pessoas de referência no passado (pais e professores) e o próprio indivíduo. Para evitar uma avaliação crítica ou negativa, muitos alunos, que devem se submeter a uma prova, exigem demais de si mesmos. Não raro um comportamento deste tipo remete a experiências infantis na escola ou em casa dos pais, onde a auto-estima teria sofrido um dano.

Os medos de avaliação e de fracasso surgem em situações de prova oral ou escrita na escola, na universidade ou nas escolas superiores, nas formações profissionais e nos cursos de especialização (prova de conclusão de aprendizado, para ingresso no mestrado ou obtenção do grau de mestre), na educação adulta (provas de conclusão de curso), no local de trabalho (provas de serviço, avaliações de rotina), na aquisição de habilidades especiais (provas para obtenção de carta de motorista, provas finais em formações esportivas ou artísticas) e nas qualificações no âmbito das atividades de lazer.

As entrevistas de seleção, palestras, discursos, competições esportivas, audições musicais e apresentações de teatro são formas especiais de prova. Nessas situações estamos diante de uma avaliação muitas vezes muito crítica. Os medos de avaliação são também provocados por inúmeras outras situações sociais. Tememos ser avaliados negativamente em nosso relacionamento íntimo, e também nos encontros públicos com o sexo oposto, em grupos particulares ou nos contatos profissionais, com clientes e parceiros de negócios. Medos expressivos de desempenho e de fracasso com efeitos subseqüentes na escola, na profissão e no âmbito social devem ser vistos como variantes de uma fobia social.

Nossos medos de provas e de fracasso são tanto mais intensos quanto mais desejamos alcançar objetivos ambiciosos e evitar maus desempenhos. Daí chega-se à conclusão: para superar o medo de provas precisamos aprender a lidar de forma construtiva com as situações de avaliação e com as normas de desempenho.

Alguma dose de medo de palco e de nervosismo antes das provas e das apresentações de todos os tipos é normal. Em situação de total indiferença o êxito não seria importante. As reações físicas de medo em situações de desempenho são acima de tudo adequadas, quando uma prova ou uma apresentação significa muito para nós. Em períodos de elevada tensão psicológica e intelectual não conseguimos controlar totalmente as reações vegetativas do corpo. O objetivo de permanecer "frio" diante de uma tarefa não corresponde à realidade – e pode ter um efeito contrário. Quando queremos driblar ou reprimir o medo e a tensão, aí mesmo é que isso pode causar uma impressão acanhada e pouco natural.

A maioria das pessoas considera as provas na escola e na vida profissional por demais estressantes. É raro vermos as provas como uma oportunidade de demonstrar nosso conhecimento e capacidade. Concentramo-nos somente em nossos pontos fracos e nos erros – e pensamos muito pouco em nossos pontos fortes e capacidades. Algumas pessoas, os esportistas são um exemplo clássico, mal podem esperar para poder finalmente mostrar aquilo de que são capazes. As pessoas que gostam de ter tudo sob controle sentem-se bastante desamparadas e impotentes nas situações de avaliação – simplesmente entregues à avaliação de uma instância desconhecida. Vivenciam como imprevisíveis as questões de prova e os examinadores, e também as reações de seu próprio corpo. Um estado de blecaute causado pela própria excitação pode ser o maior desafio.

Determinadas situações podem intensificar o medo de provas: por exemplo, provas orais, provas de conclusão de curso, aumento do grau de dificuldade na execução de algum trabalho, instruções confusas, pressão excessiva para cumprir um prazo, comportamento dos examinadores e situações desfavoráveis durante o período de preparação. A maioria das pessoas tem mais medo de provas orais e de execuções em que precisa demonstrar alguma coisa diante de um público do que de provas escritas. Por quê? Nas provas orais e em apresentações em geral temos de interagir também socialmente, diferentemente do que acontece em outras exigências de desempenho, às quais podemos satisfazer com toda calma e tranqüilidade.

Formas de medos de provas

Podemos ser bloqueados pelo medo de desempenho em duas fases diferentes:

1) *Bloqueio de desempenho na preparação para a prova*. Sentimos medo de provas já muito antes do momento de realizá-las. Durante a preparação para uma prova muitas vezes não conseguimos nos concentrar, preocupamo-nos o tempo todo com o fracasso e suas conseqüências. Teme-

rosos da vergonha do fracasso, impomo-nos uma grande pressão para, de qualquer maneira, sermos bem-sucedidos em uma próxima prova. Sob essa carga é bem difícil se concentrar no aprendizado de um novo conhecimento. Pensamos constantemente em coisas que nada têm a ver com o aprendizado, e por esse motivo não é fácil memorizar o conhecimento recente.

2) *Bloqueio de desempenho na situação de prova*. Por causa do medo e do nervosismo, no momento da prova podemos não conseguir nos lembrar do conhecimento armazenado. Nosso pensamento está bloqueado. Por medo do fracasso e do esquecimento, gostaríamos, por medida de segurança, de decorar a matéria da prova de tal modo que pudéssemos narrá-la como se fosse um poema sabido de cor. Nas exposições orais tentamos dominar o medo do fracasso decorando o texto palavra por palavra. Ao agir dessa forma, deixamos de desenvolver confiança em nossa capacidade de pensar e atuar de modo espontâneo em situações de prova.

Profissionais da área distinguem em detalhe as seguintes formas de medos de prova:

1) *Medo de se preparar para a prova*. Julgamo-nos incapazes de nos concentrarmos no aprendizado ou de nos motivarmos para tal. Tememos não poder dominar a matéria da prova no tempo de que dispomos.

2) *Medo da* situação *de prova*. Durante a prova temos receio de nossos medos incontroláveis e de seus sintomas físicos. Sentimo-nos intimidados pelo fato de o nosso estado de pânico bloquear nosso pensamento. Imaginamos o nosso fracasso de maneira patética, fazemos tudo errado e causamos uma impressão deplorável aos examinadores e aos ouvintes.

3) *Medo dos examinadores*. Ficamos receosos do examinador, quando temos problemas em lidar com autoridades. Atribuímos-lhe qualidades que infundem temor, como ser implacável, severo, crítico-negativista, incontrolável, ser muito superior em seu conhecimento ou de não ser nem

um pouco compreensivo para com as nossas fraquezas. Mesmo quando o examinador absolutamente não é nada disso – por um processo de transferência projetamos nele nossas experiências anteriores com os pais, professores ou com outras pessoas. Fazemo-nos dependentes demais do modo como age o examinador. É comum perguntarmos aos colegas: "Ele tá de bom humor hoje?" Sentimo-nos e nos comportamos muito passivamente e subestimamos nossas possibilidades de assumir um papel ativo e autoconfiante durante a prova. Com isso fortalecemos o medo de fracassar. Tomamos uma prova por um horror incontrolável e desistimos da possibilidade de moldar a relação com o examinador.

4) *Medo das conseqüências de fracassar em uma prova*. Se não vencemos as dificuldades de uma prova importante, isso pode influenciar e prejudicar bastante o caminho para a formação educacional e o progresso profissional. No entanto, na maioria das vezes superestimamos as conseqüências reais do mau resultado de uma prova. Criamos fantasias de catástrofes que não condizem com a realidade. No medo de fracassar nas provas mostra-se quase sempre nosso medo da perda da aceitação social por parte de nossos pais, professores e colegas. Este vem acompanhado do medo de uma diminuição de nosso valor. Tememos o que seria uma situação de vergonha sem fim. Projetamos nossos pensamentos negativos em outras pessoas e não podemos imaginar que elas nos achem dignos de ser amados.

5) *Medo das conseqüências da aprovação em uma prova*. Após o êxito em uma prova, sentimos a pressão da expectativa tanto maior por parte de nossos pais e professores. Desenvolvemos um medo de fracassar, de decepcionar os outros na próxima prova, se nesta não formos tão bem-sucedidos. Eventualmente podemos ter até medo das conseqüências de uma formação bem realizada e concluída. Receamos a nova etapa de vida cheia de mudanças, quando estas, por exemplo, significam um curso universitário em uma outra cidade ou a entrada na vida profissional após um longo processo de formação.

Atitudes orientadas para o fracasso em uma prova

Os alunos que possuem expectativas negativas e pessimistas consideram as provas como um mal necessário e sentem-se ameaçados em sua dignidade como pessoas. Durante a prova eles como que têm o seu fracasso, e as conseqüências dele, diante dos olhos. Estão cheios de dúvidas, sua auto-estima está abalada, e eles já esperam ser avaliados negativamente pelos demais ("o que o professor ou o pai vai me dizer?"). Julgam a si mesmos e ao seu comportamento na circunstância de prova de forma excessivamente crítica e autodepreciativa ("não vou conseguir ser aprovado!", "sou burro demais para entender isso!", "não sou capaz de coisa alguma!").

As pessoas que têm medo de provas tomam o risco de um insucesso por algo muito maior do que ele realmente é. E uma vez que elas vêem ali poucas chances de sucesso, isso diminui sua motivação de esforçar-se para aprender. Quanto menor for a esperança de êxito, maior será o temor ante um possível insucesso, e acabarão por se resignar. Durante uma prova, as pessoas amendrontadas pelo medo do fracasso vêem-se como vítimas da situação, como estando longe de influenciar em seu resultado. Não confiam em suas capacidades, e em vez disso julgam fatores externos, como o acaso, o bom humor dos examinadores ou a facilidade da matéria da prova, como determinantes. Os alunos do ensino fundamental ao superior que tentam, acima de tudo, evitar o fracasso, em geral imputam seus erros a si próprios, enquanto o êxito, ao contrário, é atribuído às circunstâncias. Agem e pensam diferente os alunos motivados para o sucesso: estes atribuem as boas notas a suas capacidades, as avaliações ruins a outros fatores.

No medo de provas atentamos para nossos sintomas físicos de medo e vemos neles nossa incapacidade confirmada ("é que estou nervoso demais... logo, não consigo fazer isto"). Os sintomas físicos (palpitações, falta de fôlego, náusea, tensão, tremores) são tão fortes que dirigimos a eles toda a nossa atenção. Isso torna mais intenso o medo e deflagra sintomas semelhantes aos do pânico, que não só superativam nosso corpo, como bloqueiam a nossa mente, deixando-a confusa.

Os monólogos de caráter negativo, a observação do próprio corpo e a preocupação com as conseqüências do fracasso antecipado provocam, nas situações de prova, uma divisão da atenção. A atenção e a concentração não estão mais de todo direcionadas para a prova ou para a tarefa. Com isso realmente o que se pode fazer é muito pouco, os erros cometidos por descuido se multiplicam, não resistimos durante muito tempo e nos sentimos por demais exigidos nas tarefas mais complexas.

Como nossos pensamentos estão bloqueados pelo medo, há dificuldade de rememorar a matéria da prova. É como se de fato tivéssemos nos preparado mal. Nossa sensação de termos a "cabeça vazia" surge por meio de um súbito desequilíbrio hormonal, que bloqueia a memória de longo prazo. Quando, depois de um curto espaço de tempo, a situação hormonal se estabiliza, nossa memória recupera plenamente suas funções. Para que isso aconteça, faz-se necessária a capacidade de reduzir o estado de blecaute, por meio de relaxamento, em vez de prolongá-lo, pelo pânico continuado.

As pessoas que têm medo de provas não raro recebem notas piores do que merecem. Com isso, o medo das provas fica cada vez maior. Elas vivenciam a si mesmas como impotentes e inferiores, o que produz um círculo vicioso e piora o seu resultado nas outras provas. Uma espiral negativa que vai do medo de fracassar até o fracasso real é acionada. As pessoas tomadas por esse tipo de medo sentem cada vez menos disposição e motivação para aprender – afinal, não vêem nenhum sentido em se preparar para uma prova. O que se tem aí é o fracasso pré-programado – pela ausência de expectativa de êxito.

Atitudes orientadas para o êxito em provas

As pessoas que possuem expectativas positivas vivenciam as provas como um desafio. Gostam de demonstrar suas capacidades e seus conhecimentos. O medo as motiva a aumentar seus desempenhos e a dar o melhor de si. Trabalham com a situação de prova de forma ativa, vêem a si mesmas de um modo positivo e como "agentes". Estão em condições de moldar o resultado da prova pelo seu comportamento ativo. Concentram-se na prova e não dão atenção aos demais fatores, como as circunstâncias de sua realização ou da preparação para ela ou outros pensamentos e sensações.

As pessoas orientadas para o sucesso sentem-se competentes, esperam um resultado de prova positivo – isto impede bloqueios de desempenho condicionados pelo medo. O medo é um motivo para se prepararem melhor, em vez de ser algo que as paralise. O medo estimula sua ambição, fortalece seu desejo de luta. Os examinandos confiantes mobilizam suas reservas de energia e utilizam melhor seus conhecimentos e capacidades. O medo os torna ativos e atentos. Eles cometem menos erros, o desempenho aumenta, assim como a persistência em tarefas difíceis.

Se acreditamos no bom termo de nossos esforços, consideramos nossa excitação física diante de situações de desempenho como um nervosismo normal, semelhante ao dos atores pouco antes de entrar em cena, que nos ajuda a mobilizar todas as reservas de energia. Não precisamos ficar atentos o tempo todo se o nosso medo já diminuiu. Na verdade percebemos os sintomas físicos desconfortáveis do medo, e no entanto não os fortalecemos por uma observação constante. Com isso deixamos a mente livre para uma concentração bem-sucedida em nossa tarefa e no desempenho exigido.

Resumo: se conseguimos modificar nossa atitude, reduzimos nosso medo de provas. Assim podemos otimizar nossa concentração na tarefa e temos uma chance real de chegar a bom resultado.

Medos existenciais, medos sociais, medos de desempenho – Medos de fracasso na profissão

Gerhard: medo do desemprego

Gerhard, 45 anos, casado. Tem dois filhos em idade escolar – portanto seus dependentes, sob o seu sustento. Arrimo de família, trabalha há 20 anos no setor têxtil, como técnico de maquinário, em uma atividade que em breve talvez não seja mais necessária.

Durante alguns anos a direção da empresa cogitou de instalar a unidade em um país do Leste Europeu, onde o custo com salários e encargos é menor. Desde então, Gerhard teme que, com a intensa penetração da indústria têxtil chinesa com produtos de alta qualidade a preços muito baixos, sua empresa logo deixe de ser competitiva, que haja uma redução no número de funcionários ou que, até mesmo, ela tenha de ser fechada.

A direção da empresa já começou a conversar com os representantes dos funcionários sobre um necessário corte de pessoal. Gerhard não tem nenhuma confiança na pessoa que os representa: está convencido de que ela aceitará tudo o que a direção da empresa pretende, limitando-se a salvar a própria pele. Entre os colegas já se iniciou um processo de mobilização. Já não há confiança mútua, e os funcionários se vêem como rivais em potencial na luta pela manutenção do emprego. Gerhard imagina que, em razão do salário elevado, ele seja um dos primeiros a figurar na lista de demissões, antes dos demais empregados. De tanto matutar sobre a sua situação, ele desenvolveu um distúrbio do sono e uma contração muscular. À noite e nos finais de semana ele não consegue simplesmente relaxar e se tranqüilizar, mesmo tendo a mulher a seu lado, para fazê-lo não desanimar. A preocupação de logo não poder mais sustentar os dois filhos o atormenta. Gerhard já se vê como desempregado por um longo período, como participante de cursos improdutivos de recolocação no mercado ou como tendo de viajar horas até um local distante, por não haver nas proximidades um emprego adequado às suas capacidades.

O emprego como um fator crescente de medo

Cada vez mais pessoas têm medo de fracassar em sua profissão. O local de trabalho já não é mais para muitas pessoas um lugar de realização e de garantir sua existência material, mas antes uma fonte de constantes preocupações. Nos medos relacionados à profissão vêm embutidos a não aceitação pelos demais e a impossibilidade de testar nossas capacidades. Quando não nos sentimos mais seguros e protegidos, os medos se expandem. Tornamo-nos cada vez mais inseguros na profissão, e em conseqüência disso também na esfera privada. É então que o medo do trabalho mais nos afeta, quando temos pouco espaço para agir e ao mesmo tempo devemos corresponder a exigências elevadas.

Os especialistas distinguem três grupos de medos de profissão, que se influenciam mutuamente:

1) *Medos existenciais*. Temos medo de perder o emprego, medo do empobrecimento, da velhice e de adoecer. Essas fobias ameaçam nossa sobrevivência profissional e financeira.

2) *Medos sociais*. Temos medos de nossos superiores, dos colegas e outros funcionários, de exprimir abertamente opiniões, das críticas e dos ouvintes. Estamos preocupados com nossa aparência e nosso valor social de mercado e temos problemas de auto-estima.

3) *Medos de desempenho*. Temos medo de avaliações e de provas, de inovações dentro da empresa, de promoções ou de transferências. Preocupamo-nos com o fracasso diante de novos desafios. Nossas fobias de desempenho se transformam rapidamente em fobias sociais quando outras pessoas podem observar nosso desempenho.

Medos existenciais

A razão que subjaz à amplificação do medo de fracassar na profissão é uma realidade econômica aflitiva: muitas empresas aumentam seus lucros à custa da redução das vagas de trabalho. Não causa espécie o fato de muitos empregados terem cada vez mais preocupações existenciais e profissionais. A perda do emprego é algo que pode acontecer com qualquer pessoa, a qualquer momento. O medo do desemprego, seguido de dificuldades financeiras e de uma decadência social, é determinante em nossa vida. Temos medo de adoecer ou de, em razão da idade, poder produzir menos – e por esse motivo colocar nosso emprego em risco. É cada vez menor o número de funcionários que podem confiar que terão um emprego seguro até a aposentadoria. Cada nova reestruturação na empresa substitui a anterior. Ninguém mais pode prever quando seu emprego está em risco. Hoje em dia já não vale nem a regra de que o emprego estará seguro se a empresa não estiver no vermelho. A existência das empresas está cada vez mais atrelada ao capital, que oscila de um lado para o outro pelo mundo afora. Em meio a esse desenvolvimento em escala global, cada vez mais pessoas se sentem impotentes e entregues à própria sorte. A pressão do trabalho crescente aumenta ainda mais o medo de fracassar e de exigências demasiadas, como num círculo, num processo cumulativo.

O medo de perder o emprego é hoje o medo mais freqüente relacionado à profissão. Esse medo é legitimado pelas altas taxas de desemprego nas sociedades industriais. A segunda preocupação mais freqüente para os empregados é o medo de doenças ou de acidentes. Por detrás destes temores encontra-se, por fim, o medo de se tornar incapaz de trabalhar e de perder o emprego por este motivo.

Cada vez mais funcionários deixam de faltar ao trabalho, mesmo estando doentes, porque temem as possíveis conseqüências de uma licença médica. E os empresários, por sua vez, usam a situação de tensão no mercado de trabalho para pressioná-los. "Aqui na empresa eu não posso me permitir ficar doente", dizem cada vez mais funcionários aos seus médicos, quando estes aconselham uma licença médica urgente. Essa tendência é confirmada pelas estatísticas dos planos de saúde, que apontam um número anual cada vez menor de licenças médicas. No entanto, as licenças médicas por motivos psicológicos, por exemplo, uma depressão por esgotamento mental, são cada vez maiores.

Portanto, entre os medos existenciais contam também, juntamente com o medo de perder o emprego, o medo do empobrecimento, de doenças ou de acidentes e também o medo de envelhecer. Os funcionários, de um modo geral, têm de trabalhar por períodos cada vez mais longos, até à aposentadoria, muito embora sua eficiência diminua com a idade. Com isso, o sistema de aposentadoria deve ser resguardado da falência pelo fato de a população se tornar mais longeva. Mas existe o perigo de que, com esse quadro, as pessoas mais jovens tenham maiores dificuldades para se colocar no mercado de trabalho.

Tomando por base essa situação e ampliando-a, o medo existencial pode influenciar de forma negativa toda a vida econômica de um país. Segundo a Teoria da Liquidez, do economista inglês John Maynard Keynes, um pequeno crescimento econômico e uma alta taxa de desemprego se elevam de maneira recíproca. Isso faz com que as pessoas tenham um grande medo do futuro; elas limitam o consumo, economizam o dinheiro para tempos difíceis e investem pouco ou nada em novos produtos. Com a "economia do medo" diminuem o consumo e o crescimento econômico – o que, por outro lado, aumenta o desemprego. A tentativa, por parte do Estado, de inverter esse círculo vicioso com a redução de impostos ou com subsídios nem sempre produz o efeito desejado.

Medos sociais

Muitos trabalhadores são atormentados por medos sociais em seu cotidiano profissional. Sejamos honestos: também nós tememos decisões erradas e críticas, temos, sim, medo de fracassar e de mostrar nossas fraquezas diante dos outros. Receamos ser observados pelos outros, ou comparados por meio de estatísticas. Não raro vivenciamos os colegas e a nova geração de profissionais como uma concorrência ameaçadora. Trememos ante colegas mais jovens, que custem menos à empresa e sejam mais capacitados do que nós. A perda de aceitação e aprovação está sempre à espreita, e nós tememos o declínio social.

Por trás dos medos sociais encontra-se muitas vezes um déficit de auto-estima no local de trabalho. Muitos funcionários receiam não ser valorizados na profissão e não ser respeitados pelos superiores, colegas, subordinados e clientes. É freqüente o medo de concorrentes que os superem, que poderiam pôr em risco a sua posição individual.

Nosso receio é compreensível: os superiores de fato têm poder sobre nós. Nossa posição, nosso salário e o período em que permaneceremos empregados dependem de como vêem nossa atuação. E como nos sentimos inseguros, atribuímos a nossos superiores muitas vezes mais autoridade profissional e hierárquica do que eles realmente possuem. O poder dos superiores baseia-se com freqüência muito mais no medo dos funcionários. Os contratados do nível operacional temem os do nível da gerência por causa de seu (limitado) poder. Os executivos, no entanto, freqüentemente alimentam um temor ainda maior pelos seus chefes. Quando não correspondem às expectativas e objetivos de faturamento da gerência ou dos acionistas, é comum que sejam demitidos mais sumariamente do que os empregados comuns.

Também é comum os executivos terem medo de comandar. Eles têm medo de que sua equipe os julgue de maneira por demais crítica e os rotulem de incapazes. Com isso, perderiam sua autoridade. Não raro temem contratar funcionários que possam superá-los. Os chefes sem uma formação universitária sentem-se muitas vezes ameaçados em sua posição de comando por pessoas que têm curso superior.

Muitos têm mais medo de pessoas de seu mesmo nível e dos colegas do que de pessoas que lhes são superiores ou inferiores. Colegas de trabalho são transformados cada vez mais em concorrentes pelo mesmo emprego. Decorrem daí disputas renhidas pelo poder, que estão sempre a perturbar o ambiente de trabalho. Amigos de longos anos se transformam em inimigos quando um dos dois é bem-sucedido na profissão. Com isso o local de trabalho se transforma em um verdadeiro inferno, até porque não raro passamos muito mais tempo com colegas de trabalho do que com parceiros de relacionamento, com a família ou com os amigos.

Se uma funcionária nova trabalha demais por ter aspirações, ela faz – mas o faz sem ter a intenção – com que o chefe atente nos pontos fracos do desempenho dos demais. Ocorre então, que, em vez de trabalhar em equipe, todos lutam uns contra todos. Admitir francamente os pontos fracos conduz e logo suscita maquinações à boca pequena por parte dos colegas. Em situações de concorrência recorremos a qualquer ponto fraco dos outros em proveito próprio. Valores como sinceridade e solidariedade contam cada vez menos na voracidade da luta pelo emprego.

Aquele que durante algum tempo apresenta desempenho abaixo da média temerá mais as críticas dos colegas do que as dos superiores: "Volta e meia doente... E toca a gente fazer o que seria seu trabalho. Se você não pode mais fazer nada, desocupe a sua vaga, para que uma pessoa mais jovem e eficiente possa assumi-la".

Os medos sociais muitas vezes nos limitam na ascensão profissional. São muitos os funcionários que não se atrevem a dar o próximo passo em sua carreira, mesmo sendo altamente qualificados. Essas pessoas têm muito receio de ser avaliadas de maneira negativa e de não corresponderem às expectativas. Se apesar disso chegam a um cargo alto, começam a perceber o quanto sua atividade de chefia as sobrecarrega, e isso por sintomas como tensão muscular, náusea, problemas gástricos ou distúrbios do sono.

Muitos funcionários em nível operacional, mas também executivos, têm problemas para apresentar a si mesmos e a seu trabalho em grupo. Para eles é altamente desagradável ser o centro das atenções e avaliados. O medo do ridículo, de serem criticados ou rejeitados está no cerne de todo medo de apresentações. O fator que o desencadeia pode ser uma explanação que terão de dar e já está batendo à porta, uma apresentação de resultados de trabalho ou um treinamento a ser dado a novos funcionários. Sob tal estresse, profissionais experientes de súbito passam a alimentar um medo de esquecer seus conhecimentos, de não conseguir seguir adiante em uma palestra, de gaguejar ou de, por sintomas psicovegetativos como tremores, transpiração ou vermelhidão, chamar a atenção de forma desagradável como pessoa nervosa ou "à beira de um ataque de nervos".

Medos de desempenho

É compreensível: muitas pessoas têm medo de cometer erros em seu trabalho ou de serem exigidas demais. Inúmeros profissionais não fazem progressos em seu trabalho, e sim o contrário. A pressão pelo desempenho no âmbito profissional vem se tornando cada vez maior nos últimos anos. Devemos apresentar sempre um desempenho cada vez melhor. Transposta para a profissão a fórmula da Física "desempenho é trabalho por unidade de tempo", ela significa cada vez mais pressão sobre os funcionários, visando a um aumento da produtividade.

As novas tecnologias de comunicação (internet, telefone celular) aceleram os procedimentos profissionais. Os momentos de relaxamento, que antigamente se faziam bem mais possíveis, são cada vez mais suprimidos – e sem compensação. O tempo economizado com as tecnologias modernas é imediatamente aplicado em novas atividades. A aceleração de toda a nossa vida profissional e privada e a possibilidade constante de sermos contatados por meio do celular nos coloca sob intensa pressão, de ter de funcionar sempre e de estarmos preparados para entrar em ação a qualquer momento.

O crescimento no número de empregos de meio expediente para muitos só aumenta o estresse profissional. Os indivíduos que trabalham em meio período têm dificuldades para se manter informados sobre o funcionamento da empresa. Para compensar, tendem muitas vezes a trabalhar mais do que os colegas que o fazem em tempo integral.

Inúmeros funcionários têm imagens idealizadas totalmente irreais sobre um poder criativo ilimitado e uma capacidade de desempenho sem erros. O mito do desempenho domina tudo: acima de tudo o êxito, não importa o meio e o quanto se tenha de pagar por ele. Cada um de nós é obrigado a temer, em algum momento, não mais corresponder aos ideais de rapidez, flexibilidade e perfeição.

O medo de fracassar assola não só os funcionários de nível operacional, mas também os gerentes e os donos de empresas. Eles estão sob a pressão permanente de não alcançar os objetivos e as previsões das planilhas de gerenciamento. Têm medo de não estar à altura da pressão pelo êxito e de cometer erros com conseqüências graves, que trariam grandes prejuízos ao empreendimento. Quando um alto executivo deixa de realizar aquilo pelo que é bem pago, quando decepciona seus superiores, o dono da empresa ou os acionistas, a perda do emprego surge como ameaça. Grande número de administradores temem a concorrência de pessoas que tenham a mesma importância ou então ficam inseguros ante forças de liderança que se impõem. Eles não podem perder o controle sobre os funcionários e jamais fazer má figura – ou serão vistos como incapazes de liderar.

As empresas costumam usar o terror para intimidar funcionários de diversos escalões e executivos. Se nos deixamos intimidar, concedemos a outrem poder sobre nosso comportamento. O medo de fracassar impele todo aquele que trabalha a desempenhar cada vez mais e melhor. O medo de fracassar é sempre justificado pela continuada pressão externa e interna. Procuramos compensar esse medo por novos recordes de desempenho – até exaurir nossas forças.

Dos trabalhadores de nível operacional aos executivos, muitas pessoas se perguntam: "Qual será a próxima pressão e que mudanças me aguardarão a seguir? O que vai acontecer se eu não estiver mais à altura das exigências do trabalho? Por quanto tempo ainda meu emprego estará seguro, independentemente do que eu realize? Onde encontrarei emprego melhor? Quem me empregará quando eu tiver 35 ou mesmo mais de 40 anos?"

A diretoria espera de seus executivos não raro uma jornada de trabalho de 14 a 16 horas. Você não quer ou não pode acompanhar este ritmo? Então você não está motivado o bastante a subordinar sua vida aos objetivos da companhia! O modelo japonês (literalmente: "ser casado com a empresa") já é há muito uma regra nas gerências médias e elevadas. Em um ambiente desse tipo perdemos o equilíbrio saudável entre a vida profissional e a vida particular, e entramos no círculo vicioso do medo de fracassar e no esgotamento profissional.

O medo de inovações, de mudanças no ambiente de trabalho, de transferências e de cooperações regionais ou internacionais demonstra o quanto todo aquele que possui um emprego está inseguro com a perda do que lhe é familiar. De preferência muitos de nós rejeitariam mudanças no mundo profissional, por exemplo, mudanças no sistema de computadores ou nas complexas estruturas de comunicação. A resistência interna torna ainda mais difícil lidar com situações novas. A continuação da integração profissional parece estar de fato em perigo.

Sentimos medo de fracassar também diante de provas inerentes à profissão: em concursos, treinamentos internos ou cursos externos. Muitas pessoas com medo de fracassar evitam os cursos de aperfeiçoamento, porque podem deparar aí com uma avaliação negativa. Elas têm muito receio de chamar a atenção dos colegas para uma possível e eventual incapacidade. E os colegas poderiam não mais valorizá-las. Ocorre que um curso de aperfeiçoamento recusado significa também prejuízos profissionais. Se as pessoas que têm medo de fracassar tivessem certeza de que poderiam continuar contando com a aceitação no local de trabalho mesmo depois de uma avaliação negativa, não haveria motivo para o medo das provas.

Até os grandes têm medo – O medo de fracassar em artistas e atletas

Franco Corelli: um cantor lírico sempre receoso do declínio na carreira

Franco Corelli, um dos maiores tenores de nosso tempo, muitas vezes ficava exasperado antes de uma apresentação – à beira de um ataque de nervos mesmo. Ele era famoso pelo dó de peito que conseguia alcançar e receava que tamanho estresse o impedisse durante uma apresentação. Seu medo dos holofotes intensificou-se ainda mais ao constatar que o próprio medo vez por outra lhe tolhia a voz. Chegou a cancelar apresentações, não raro no último momento, porque entrava em pânico – pânico que um vacilo provocasse o fim de sua carreira. Sua esposa precisava obrigá-lo a se apresentar, e o tinha de fazer quase com violência. Ele se preocupava sempre que houvesse algum problema com a sua saliva. A esposa tinha sempre de trazer-lhe chá, examinar sua garganta e avaliar o estado de suas cordas vocais. Depois ele mesmo passou a observar sua garganta com um espelho; isso só fez torná-lo ainda mais inseguro: um pouco de saliva imediatamente lhe suscitava o medo de um câncer.

Medos de apresentação normais e doentios

Para músicos, cantores, atores e atletas, sentir medo antes de uma apresentação é uma tensão física e mental normal. Eles se apresentam para o público, ou seja: é lógico temer a sua reação. O medo dos holofotes caracteriza o estado de excitação sentido freqüentes vezes no palco. O medo dos holofotes é maior pouco antes da apresentação. Ele costuma desaparecer logo após o início da atividade diante do público, semelhante ao que ocorre nas provas. O medo dos holofotes nos torna como que vigilantes antes da apresentação e representa uma espécie de adrenalina. Cada pessoa se apresenta diante de um grande público com seu perfil pessoal de medo de palco.

Muitos artistas chegam a se deleitar com essa excitação causada pelos hormônios do estresse. Para outros, a tensão nervosa antes da apresentação é um grande incômodo. Eles têm medo de ser bloqueados por ela em sua capacidade de desempenho. As pessoas que sentem medo de fracassar devem aprender a usar o medo de palco como um ímpeto de energia e a observá-lo como alegria antecipada pelo êxito – não como indício de um fracasso que esteja por vir.

Os artistas e os atletas desenvolvem medo de palco valendo-se do seguinte motivo: desejam ter êxito ao se porem no centro das atenções, querem ser vistos e ouvidos, e ao mesmo tempo temem passar vergonha. Quem é tomado por esse medo oscila entre a atração e a rejeição, entre a megalomania e o fracasso total.

O medo dos holofotes por parte de atores e músicos baseia-se nas expectativas do público e nas pretensões que o artista tem de si mesmo: deseja-se representar seu papel da melhor maneira possível. Textos e partituras permitem aos artistas mais espaço de interpretação do que imaginamos. O medo ante uma apresentação individual e única, no entanto, propicia os eventuais erros.

As pessoas excessivamente temerosas de uma apresentação em público não desejam evitar situações sociais, como é o caso das que são socialmente fóbicas. Porém quanto mais se aproxima a data de uma apresentação, mais elas duvidam de suas capacidades. Ficam cada vez mais inseguras sobre a sua capacidade de satisfazer suas próprias expectativas pessoais e aquelas, talvez ainda maiores, do seu público. Desejam incondicionalmente alcançar ou manter a imagem de astro – e justamente por isso têm medo de não serem aprovadas ou de serem vaiadas.

Especialistas distinguem dois tipos de medos de apresentações: medo dos holofotes e medo do palco. O medo dos holofotes é normal, aumenta o rendimento e melhora a concentração. O medo do palco, ao contrário, tem um efeito opressivo e afeta os artistas em sua capacidade de desempenho mental, psíquico e motor de forma considerável. O medo do palco, por conseguinte, representa a forma de medo de apresentação desagradável e prejudicial ao desempenho; esse medo é diagnosticado como fobia social quando existe realmente um grande peso e opressão.

O medo de fracassar dos artistas

O medo das apresentações ameaça o desempenho de 25 a 50% dos músicos de orquestra. Segundo um estudo realizado na Inglaterra, esse medo chega a atingir quase dois terços dos músicos de duas grandes orquestras britânicas. São muitos os músicos de renome que procuram controlar seu pânico de apresentações com betabloqueadores ou com álcool. Estados de medo intenso ameaçam um em cada dez músicos no decorrer de sua carreira.

Quase 30% de todos os músicos profissionais interrompem sua carreira artística antes do tempo em razão do medo do palco. Os medos de se apresentar em público advêm da grande pressão provocada pela concorrência. Outra causa é a pressão pelo desempenho, a necessidade de se apresentar de modo perfeito. Os músicos são estimulados pelas obrigações de comercialização do mercado musical e são obrigados a se submeter às eventuais comparações, pelo público, com as melhores gravações existentes no mercado.

São poucos os que falam publicamente sobre o seu problema. Alguns, como o violoncelista Pablo Casals, o violinista Yehudi Menuhin, os pianistas Arthur Rubinstein, Vladimir Horowitz e Svjatoslav Richter, o pianista e compositor Glenn Gould, o maestro Justus Frantz, as cantoras Barbra Streisand, Tina Turner e Maria Callas, os cantores Dietrich Fischer-Dieskau e Franco Corelli e os atores *Sir* Laurence Olivier e Peter Alexander falaram sobre o seu medo opressivo dos holofotes.

Barbra Streisand esqueceu algumas palavras de uma canção durante um show. Como conseqüência, durante 20 anos não mais se atreveu a fazer apresentações em público. *Sir* Laurence Olivier temeu sem interrupções, durante cinco anos, esquecer o texto durante uma apresentação. Peter Alexander comentou certa vez que, apesar dos muitos anos de experiência diante do público, ainda se sentia nervoso como um iniciante. O cantor de sucessos populares Udo Jürgens declarou que já teve um medo de holofotes bastante grande, que chegou a pensar que esse medo poderia fazê-lo pôr tudo a perder. E por causa de seu medo de holofotes, o comediante Heinz Erhardt usava sempre em suas apresentações um par de óculos, através do qual ele não podia ver com nitidez o olhar do público. Pablo Casals confessou, já em idade avançada, que mesmo depois de milhares de concertos ele se sentia tão nervoso como da primeira vez. O astro do mundo lírico Luciano Pavarotti secava com seu grande lenço branco de seda não só a sua transpiração normal, mas também o suor provocado pelo medo, suor este que lhe saía pelos poros – afinal, ele podia errar.

Os músicos sentem o medo que surge antes de uma apresentação de maneiras diferentes: aqueles que tocam instrumentos de sopro ficam com a boca seca e são prejudicados em sua execução e na técnica de sopro. Os pianistas queixam-se de mãos úmidas, frias; temem que os dedos escorreguem das teclas. Os organistas têm medo de ficar com os joelhos bambos e, por isso, não encontrar o pedal. Os violinistas receiam que seus braços possam tremer ao deslizar o arco sobre as cordas. Ouvidos bem treinados percebem quando o violinista ou o pianista está tenso ao se apresentar. Na maioria das vezes a qualidade do timbre é prejudicada, a pulsação pode ser rápida demais, ou então a entrada ocorre antes do esperado.

Cantores e pessoas que falam em público têm dificuldade em fazer ressoar um tom quando estão tensos por dentro. Têm dificuldade em manter os tons agudos, falta-lhes o fôlego. As pessoas com medo dos holofotes sentem verdadeiro pânico ante a possibilidade de sua voz tremer. E pelo medo, a voz pode soar também aguda demais.

A freqüência de pulsação testada em 26 músicos durante uma apresentação foi de em média 128 batidas por minuto. Muitos músicos querem manter seus perturbadores sintomas físicos de medo – principalmente a taquicardia, a transpiração e o tremor das mãos – sob controle com o auxílio de medicamentos. Dentre estes os mais utilizados são os betabloqueadores, classe de medicamentos para o sistema cardiocirculatório. Esse medicamento não elimina apenas o medo dos holofotes, mas também suas conseqüências. Ele bloqueia os chamados beta-receptores, que deixam de transmitir seus estímulos. Os hormônios do estresse adrenalina e noradrenalina deixam de ter um efeito tão intenso. O sistema nervoso vegetativo permanece mais tranqüilo, não obstante a excitação emocional. O coração bate mais devagar e com pouca força, a pressão sangüínea diminui. As pessoas sentem-se então mais relaxadas e mais equilibradas.

O propanolol, substância bloqueadora dos receptores beta, encontrado nos medicamentos Dociton e Inderal, é tido há mais de 30 anos como a "droga dos músicos". Sob a sua influência o sistema cardiorrespiratório permanece estável, mesmo com a ansiedade. Em vez de observarem constantemente a si mesmos, os músicos podem se concentrar melhor na apresentação. Esse tipo de medicamentos pode ser bastante conveniente, por exemplo, em uma audição ou em apresentações importantes. No entanto, é claro que eles não eliminam o problema que gerou o medo de apresentações. As pessoas atingidas por este medo devem tomar o medicamento apenas em doses reduzidas e durante o menor tempo possível. Os betabloqueadores não entorpecem as capacidades de atenção e de concentração de maneira tão intensa quanto os tranqüilizantes que agem no sistema nervoso central. Alguns músicos lançam mão exatamente de tranqüilizantes – por exemplo, o Valium. O uso regular desses medicamentos provoca dependência. E há artistas que tentam relaxar recorrendo ao consumo exagerado do álcool.

Os atletas e o medo de fracassar

No mundo dos esportes o medo de fracassar atormenta mesmo os grandes talentos. No entanto, o medo de fracassar é também o segredo do sucesso de parte dos atletas, que não são bloqueados e paralisados pelo medo, mas sim estimulados e ativados por ele. Lance Armstrong, sete vezes campeão no Tour de France, declarou com sinceridade em uma entrevista: "O meu medo de fracassar é tão grande quanto a minha alegria pela vitória. Eu não quero fracassar. Eu não quero perder. Eu não quero decepcionar meus fãs. Eu não quero decepcionar a mim mesmo". Depois de ter vencido seu câncer e depois de suas conquistas no esporte, Armstrong não pode e não quer mais viver sem o medo de fracassar.

Os atletas vivem constantemente à procura de novos métodos para aumentar o desempenho. As modalidades de treinamento e os preparativos para as competições são hoje em dia planejados e explorados até o último detalhe. Os limites da capacidade de desempenho esportivo encontram-se na mente. Muitos atletas de ambos os sexos perdem competições no nível mental, porque desistem. Alguns, após falharem em duas tentativas, de tanto medo comportam-se, na terceira e última chance, de maneira tão desastrosa e tensa, que fracassam ainda uma vez – o que acaba por provar a veracidade de seu medo.

Os atletas sabem: o seu êxito depende de ter nervos fortes antes e durante a competição. É absolutamente normal que atletas fiquem com os joelhos bambos antes da partida. A arte está em deixar-se motivar a um alto desempenho valendo-se do medo de fracassar. É então que esses desportistas dão o melhor de si: quando se programam para o êxito e não para o fracasso.

Os "campeões mundiais de treinamento" apresentam regularmente um alto desempenho durante os treinos, e no entanto fracassam na hora da competição. Então os jornais escrevem: "O jovem talento não conseguiu segurar os nervos". É grande o número de atletas que sucumbem. Não estão preparados para lidar com a crescente pressão da mídia.

Se os atletas podem controlar o nervosismo, vão para a competição confiantes. Os melhores dentre eles poderão então apostar em sua autoconfiança quando chegar o momento decisivo. Eles conhecem sua competência no esporte. Estão seguros de seu reconhecimento social – independentemente do resultado de uma competição esportiva. Dizem para si mesmos: "Serei vencedor se eu me esforçar *agora*".

"Campeões mundiais de treinamento" duvidam de sua capacidade. Eles participam de uma competição sem acreditar em uma boa classificação. Esse tipo de esportista deve aprender no treinamento a confiar em sua capacidade. Dessa forma podem participar de uma competição com toda a confiança. "Campeões mundiais de treinamento" devem ter a certeza de que podem usar sua capacidade com êxito em toda e qualquer circunstância.

No campo do esporte, as pessoas motivadas para o sucesso vêem a competição como um desafio. Ficam contentes com um bom resultado. Acreditam em suas capacidades e têm esperanças de obter uma boa classificação. Ocorre que também podem se permitir perder – porque se empenham ao máximo. O campeão olímpico da maratona e inúmeras vezes recordista mundial Haile Gebrselassie certa vez expressou-se a respeito da seguinte forma: "Sempre procuro dar o melhor de mim, e quando o consigo fico satisfeito comigo mesmo. Daí tanto faz eu ganhar ou perder".

Os atletas que querem evitar o fracasso vão para o ponto de partida inibidos. Têm medo, porque não se permitem derrota alguma. Pensam que se falharem serão vistos por todos como fracos e incapazes. Se conseguem vencer essa luta logo no início, poderão ser muito bons e bem-sucedidos. Oponentes mais fortes os deixam inseguros, porque não se sentem à altura de medir forças.

Segundo estudo realizado na Alemanha, os "campeões mundiais de treinamento" não vêem nenhum valor no desempenho esportivo em si mesmo. O seu desejo mais profundo é ter a aceitação do treinador e dos colegas de treino pelo seu bom desempenho naquele esporte. Essa forte necessidade de afirmação social produz neles um dilema: não querem decepcionar seus treinadores e colegas com um eventual fracasso. Ao mesmo tempo, têm medo de se tornar o centro das atenções em razão de seu sucesso. A rivalidade poderia colocar seus relacionamentos em perigo. Eles não gostariam de se transformar em concorrentes de seus colegas em uma competição. Esse conflito faz com que o medo da largada seja cada vez maior e bloqueia seus movimentos e sua concentração.

"Campeões mundiais de treinamento" não podem lidar bem com seu medo de fracassar. Estão sempre a se comparar com os outros e imitam a maneira com que estes convivem com o nervosismo. Eles deveriam de preferência concentrar-se em seus próprios pontos fortes e em suas capacidades. E em geral acabam em desvantagem na comparação. Sua já fraca auto-estima diminui ainda mais. Estes atletas podem escapar dessa espiral negativa mais rapidamente se não mais associarem situações de competição a pessoas de referência com as quais tenham uma relação emocional significativa. Eles deveriam procurar em sua esfera privada o apoio emocional e social de que precisam. Afinal, no mundo dos esportes eles só recebem reconhecimento social quando obtêm um sucesso duradouro.

Muitos atletas em todo o mundo utilizam o treinamento mental como principal estratégia em seu caminho para o sucesso. No esporte, acima de tudo nas seqüências de movimento longas e complicadas, as fantasias podem ser um remédio milagroso. Os atletas visualizam mentalmente as ações desejadas para aumentar suas chances de sucesso; dessa forma aprendem a não combater constantemente o temido insucesso.

Nunca ser boa o bastante como mãe – O medo de fracassar no papel de mãe

Heide: preocupação constante de não fazer o bastante pelos filhos

Heide, 41 anos, casada e mãe de três filhos de 11, 16 e 18 anos. É dona-de-casa e há três anos exerce profissionalmente uma ocupação que não lhe demanda muito tempo. Seus filhos são o centro de sua vida. A exemplo de sua própria mãe, ela vive constantemente preocupada com seus filhos. Heide está sempre buscando dar o melhor de si, e deixa seus próprios interesses totalmente de lado. Está decepcionada com os filhos e pergunta-se se teria falhado na sua educação.

A filha de 18 anos quer se mudar para a casa do namorado, porque se sente muito controlada pela mãe. O filho de 16 quer sair da escola por causa das más notas e virar eletricista. Heide se critica por não ter podido fazer mais para apoiar o filho na conclusão do segundo grau. A filha de 11 arma uma guerra para ter liberdade de sair mais com as duas amigas. Heide sente medo de que fora de casa possa acontecer algo de errado com a filha – por exemplo andar com más companhias –, e ela, na condição de mãe, seria culpada, por ter deixado que a garota saísse sozinha.

O marido acha o comportamento dos filhos totalmente normal: os filhos devem, dependendo da idade, desenvolver independência e responsabilidade. Heide sente-se incompreendida por ele, e o critica julgando-o despreocupado demais. Ela pensa em exercer uma função profissional de meio expediente como vendedora, mas não consegue se decidir – teme que isso faça a atitude dos filhos piorar de vez.

Heide vive sob o medo constante de não ser boa o bastante como mãe. Por causa de seu modo de pensar "se algo acontecer de errado com os meus filhos, a culpa será minha, por não ter impedido". Ela não consegue se decidir a ter uma vida própria – e por outro lado está muito insatisfeita com a que vem levando.

Pretensões exageradas no papel de mãe

O medo de não ser uma boa mãe, ou seja, de fracassar como mãe, acompanha muitas mulheres até seus filhos atingirem a idade adulta. Elas só se julgam dignas de valor se forem consideradas exemplo de mãe. Sentem-se responsáveis por todos os problemas que seus filhos venham a ter na escola ou na vida. Querem ser perfeitas como mãe, pois, afinal, as expectativas da sociedade são bastante altas. As mães querem proteger os filhos de todos os perigos da vida, o que é difícil – então sentem-se constantemente impotentes.

Mães superprotetoras pensam o tempo todo no que seus filhos querem e precisam. Refletem sobre o que ainda têm de dizer a eles, ou já deveriam ter tido há muito tempo, para protegê-los de quaisquer danos. Por ter um peso na consciência, não só não se concedem tempo suficiente para si mesmas, nem para seus parceiros. Muitas mães se sacrificam totalmente pelos filhos. Dão tanto valor as suas próprias capacidades de empatia, compaixão e abnegação pelo bem-estar dos filhos, que deixam de lado seus próprios interesses, desejos e necessidades.

A dupla sobrecarga, de ter de trabalhar fora e ainda cuidar da família e da casa, leva muitas mulheres a uma quase e constante crise de nervos. Oscilam entre os cuidados com os filhos e o trabalho, principalmente quando retornam ao trabalho após uma gravidez. São atormentadas pela consciência pesada, por não cuidar dos filhos – muito embora façam por eles o melhor que podem. De tanta preocupação com a profissão e a família elas se esquecem de pensar em si mesmas.

Muitas mulheres ademais ainda se preocupam com parceiros estressados, com seus velhos pais e com seu futuro ameaçado. Essas preocupações podem torturar tanto as pessoas em seu entorno, que elas desenvolvem distúrbios de medo generalizado. Sentem-se ainda mental e fisicamente mais tensas. Com isto são mais intensamente exigidas, e é maior o medo de fracassar – círculo vicioso do qual as mulheres por demais atormentadas, até em razão da baixa auto-estima, dificilmente conseguem escapar. Esse tipo de padrão de pensamento e comportamento favorece diretamente a chamada Síndrome de Burnout. Se as mulheres superocupadas e preocupadas com a família têm de ao mesmo tempo corresponder a altas exigências em seu local de trabalho, isso pode facilmente conduzir a uma depressão por esgotamento.

Dar como meio de auto-afirmação

Muitas mulheres desenvolvem a sua auto-estima quando dizem a si mesmas: "Se eu tiver algum valor para meus filhos, meus pais ou parceiros, então eu mesma me sentirei valorizada". Cuidam dos membros da família, e com isso adquirem autoconfiança. Seu objetivo é ser esposas e mãe perfeitas – além de filhas devotadas, que com seus cuidados salvam os pais do asilo de idosos. Um auto-sacrifício desse tipo representa o ainda hoje bastante difundido papel sexual feminino clássico, que continua a ser exigido pela sociedade.

Mulheres abnegadas vivenciam sua suposta auto-estima sob a forma de serem importantes e valiosas para os outros. Vivem exclusivamente para os outros e querem sempre dar a eles tudo que podem. Em seu comportamento superprotetor deixam de ver suas próprias necessidades psíquicas e físicas – e têm dificuldade em aceitar a dedicação de outras pessoas.

Mulheres que se sacrificam muitas vezes só recebem a aceitação dos membros da família pelos seus desempenhos ao cuidar – por aquilo que elas *fazem*, não pelo que *são*. Os que recebem seus cuidados acham isso muito natural e se tornam cada vez mais exigentes – o que nessas mulheres reforça ainda mais o sentimento de não serem boas o suficiente.

Mulheres e mães superprotetoras julgam-se responsáveis por tudo o que acontece no dia-a-dia familiar, e com isso vão além de seus próprios limites. Sentem-se na obrigação de se preocupar com tudo o que possa aliviar os outros ou incentivar seu bem-estar. Algumas mulheres cuidam de seus parceiros e os mimam de tal maneira, que eles mais parecem um de seus filhos. Não são poucos os homens que em muitas áreas se comportam como tão dependentes que forçam a parceira a cada vez mais assumir o papel de protetora.

Você também corre o perigo de "amar demais" seu parceiro ou seus filhos? Então deveria considerar que: auto-sacrifício demais ou mesmo dar-se demais é prejudicial. Os membros da família acabam por perder o espírito de iniciativa, comportam-se de modo dependente, desconsiderado e tornam-se pouco compreensivos. Ao final, as mulheres abnegadas sobrecarregam também seus familiares, pois seu esgotamento crescente torna-se motivo de preocupação.

"Eu satisfaço às suas expectativas?" – O medo de fracassar na vida a dois

Christiane: medo de fracasso no segundo casamento

O casal Schneider vem, cada qual, marido e mulher, de casamentos desfeitos. Estão juntos há quatro anos. Christiane, a esposa, tem 36 anos e é mãe de uma menina de 8, filha de seu primeiro casamento. Trabalha como secretária-executiva em uma grande empresa. O marido, Joseph, tem 37 anos, não tem filhos e trabalha como contador de uma pequena empresa.

Christiane foi casada com um administrador regiamente pago, que gostaria de vê-la como mãe de muitas crianças e dona-de-casa. Desde o início ficou claro que quem tinha o comando sobre tudo era tão-somente o marido. Educada pela mãe a orientar inteiramente a sua vida em função do parceiro, Christiane correspondeu durante anos às expectativas do tradicional papel feminino. Atentar contra elas seria um fracasso aos olhos da mãe e do antigo marido – portanto, a seu ver também isso seria um fracasso em seu papel feminino. Naquele momento, por causa da baixa auto-estima, ela dependia totalmente da aprovação de seu ambiente social.

Com o passar do tempo, Christiane desenvolveu um outro entendimento de si mesma e da relação, com mais direitos para si e mais obrigações familiares e de parceria com seu ex-marido. No entanto, este queria continuar tendo uma parceira que cuidasse dele como sua mãe o fizera. Ela acabou pedindo o divórcio ao marido bem-sucedido profissionalmente, já que na vida em família e quanto ao companheirismo via-o como um fracassado.

Joseph, ao contrário, no início mostrou-se o parceiro ideal. Ele estava, e isto ela não percebeu de pronto, à procura de uma mulher autoconfiante, na qual ele pudesse apoiar-se contra a sua insegurança generalizada. Depois da sensação inicial de mais liberdade na relação, Christiane logo teve a impressão de que um novo peso lhe seria colocado sobre os ombros: o estresse de ser totalmente responsável pela família. Joseph, aliás, não queria nem mesmo ter um filho com ela, pois isso exigiria muito de seu sentimento de responsabilidade. Já há algum tempo Christiane pensa em desfazer também o segundo casamento. Agora ela conhece os dois: um marido dominador e um parceiro dependente dela. No entanto, ela tem medo de mais tarde não encontrar o parceiro ideal, e por esse motivo permanece provisoriamente com seu marido. É insegura quanto a ser atraente como mulher e prefere a segurança de um relacionamento à insegurança de uma existência solitária.

Auto-insegurança gera dependência do parceiro

Pessoas muito inseguras de si, por causa de sua insegurança, dependem o tempo inteiro da aprovação de seus parceiros. Mesmo quando estes demonstram um grande afeto, as pessoas que têm pouca auto-estima quase não podem acreditar que esse amor seja verdadeiro – porque elas mesmas não se acham dignas de ser amadas. Qualquer relação, por melhor que seja, transforma-se em um conflito: o desejo de proximidade vem acompanhado da preocupação de no fim deparar ainda uma vez com rejeição e abandono.

Isso pode desenvolver um círculo vicioso – e fatal: quanto mais uma pessoa insegura exige de seu parceiro sua constante dedicação e duvida da veracidade das provas de afeição que este lhe tem dado, mais o parceiro pode se distanciar em razão do aborrecimento gerado por essa cobrança constante. Quanto mais o parceiro se distancia, mais intenso será o temor da rejeição de fato, mais intensa a cobrança de provas de amor – inicia-se uma espiral para baixo, que separa o casal.

As mulheres que possuem baixa auto-estima são pouco satisfeitas com sua relação de parceria e olham com menor otimismo para o futuro do que as mulheres autoconfiantes. Apesar de todos os seus esforços em dar o melhor de si, e apesar das provas de amor do parceiro, elas têm todo o tempo a sensação de que a relação poderia fracassar. As mulheres inseguras se encontram em constante conflito: querem evitar a todo custo que a relação com o parceiro se acabe; no entanto, ao mesmo tempo não conseguem acreditar que ela seja duradoura.

O ideal da superesposa provoca ainda mais medo de fracassar

O almejado ideal da superesposa, que corresponde a todas as ilusões do parceiro, gera uma pressão tão grande que é impossível evitar o medo de fracassar. O que uma parceira ideal deve oferecer é simplesmente irreal. Ela deve se dedicar ao homem de forma totalmente abnegada e adivinhar todos os seus desejos. Deve ter um corpo bonito e deve estar sempre com disposição para o sexo. Deve ser sempre amável e gentil, despreocupada e descomplicada. Deve saber solucionar sozinha todos os problemas e não sobrecarregar o parceiro com nada. Deve cumprir todas as obrigações domésticas sem pedir o auxílio ao parceiro. Mesmo estressada pelo esforço múltiplo dos cuidados com a casa, a profissão e os filhos, ela deve sempre parecer descontraída no relacionamento com o parceiro. Não deve fazer nenhuma exigência financeira, posto que é modesta.

Muitas mulheres se sacrificam demais pelos parceiros. Não podem nem mesmo separar-se deles, quando eles – sóbrios ou sob o efeito do álcool – as espancam. Abandonar o parceiro seria um fracasso para elas. Muitas mulheres não gostam de admitir que "se deixaram enganar" por um parceiro incapaz ou mesmo violento.

No entanto, é muito fácil empurrar o problema para as mulheres e apresentá-las como pessoas que simplesmente "amam demais". Algo como: "porque as mulheres estão fixadas pelos seus parceiros, cada qual estando em seus respectivos papéis, têm muitas vezes dificuldade em abandonar o papel feminino tradicional". Em uma época em que muitas mulheres também exercem uma profissão, muitos homens ainda gostam de usar suas obrigações profissionais como desculpa para fugir de suas obrigações familiares e de relacionamento. Muitas vezes sua educação não os preparou para um relacionamento orientado para a parceria e mais tarde não fizeram muitos esforços para tal.

Causas mais comuns para o fracasso de relacionamentos

O medo do fracasso de um relacionamento é perfeitamente compreensível: em nossos dias um em cada dois casamentos termina em divórcio. Segundo pesquisa realizada na Áustria as causas para o insucesso de uma união a dois, segundo o ponto de vista de homens e mulheres divorciados, estão relacionadas aos seguintes motivos:

- insatisfação das exigências emocionais do relacionamento;
- diferentes modelos dos papéis que cada um deve assumir (principalmente em relação à divisão das tarefas familiares e à sua responsabilidade como pais e mães);
- educações diferentes;
- incapacidade de comunicação e falta de estratégias comuns para a solução de conflitos;
- prioridades diferentes no que diz respeito ao lazer e à família,
- engajamento profissional muito intenso por parte de alguns homens;

- tensão em função da situação no trabalho;
- insatisfação das expectativas sexuais dos homens;
- problemas de alcoolismo nos homens.

"Tomara que hoje funcione!" – O medo de falhar no sexo

Markus: sexualidade ao apertar de um botão

Markus tem 29 anos e trabalha como cozinheiro em um hospital. Mora há dois com sua atraente parceira de 27 anos. Há um ano ele sofre de problemas sexuais, e por isso seu medo de perdê-la cresce cada vez mais. No início, durante o ato sexual, ele se preocupava tanto em fazer com que ela chegasse ao orgasmo, que ele, mais por estresse, tinha ejaculações precoces.

Com o passar do tempo, com o medo do fracasso se intensificando cada vez mais, Markus desenvolveu uma ansiedade crescente em relação a sua potência sexual. Sua pressão pelo desempenho, antes voltada para o prazer da namorada, volta-se então contra ele mesmo. Seu objetivo torna-se agora evitar os problemas de ereção, cada vez mais freqüentes, em lugar de desfrutar do encontro sexual: melhor não fazer sexo nenhum do que tê-lo pela metade – questão de puro desempenho em uma área, na qual o amor, o carinho e o prazer deveriam ser o ponto mais importante. Markus, profissionalmente um empregado meticuloso e ambicioso, também quer ser o melhor na cama. Em seus relacionamentos anteriores, com quatro outras namoradas, ele não tivera nenhum tipo de problema sexual. Com a atual, que nunca tivera um orgasmo durante o coito, seu objetivo imprescindível era o de alcançarem o orgasmo juntos durante o ato – até que ele mesmo, pelo estresse, que ele próprio criou, desenvolveu um transtorno sexual.

Sua namorada aceitou a própria sexualidade como ela é: orgasmo somente antes ou depois do ato sexual. Para ele isto representa um fracasso em seu desempenho: um homem tem de levar a companheira ao orgasmo durante o ato – mesmo que ela não o exija e até então jamais tenha experimentado um orgasmo durante o coito. Sua companheira não consegue convencê-lo de que seus empenhos exercem sobre ele – e sobre ela também – uma pressão desnecessária. Nos últimos meses, ele se tornou tão dependente de sua capacidade sexual, que recorreu a medicamentos para aumentar a potência sexual. No entanto, o urologista por ele consultado o aconselhou a fazer uma terapia comportamental, para que ele possa aprender a lidar melhor com o seu medo de fracassar sexualmente.

Os transtornos sexuais são muito comuns

A pressão pelo desempenho em nossa sociedade não se detém diante da porta do quarto de dormir. Muitas mulheres e homens têm um problema que cresce cada vez mais: fracassar na cama. Eles não podem mais desfrutar do amor, do erotismo, da ternura, não podem mais se entregar. Eles se colocam sob a pressão de funcionar e de satisfazer aos critérios de desempenho sexual. Esse é grande sobretudo quando se tem a sexualidade indevidamente usada para o fortalecimento de um sentimento de auto-estima. Fracassar sexualmente significa então a mesma coisa que fracassar como marido ou como esposa.

Os transtornos das funções sexuais são comuns, e o mercado dos medicamentos para aumentar a potência sexual prospera. Por causa do estresse profissional, os homens se sentem desinteressados, sofrem ocasionalmente dos transtornos de disfunção erétil ou de ejaculação precoce. Sim, o termo usado pelos especialistas para os transtornos de ereção é "disfunção erétil". Estas duas palavras descrevem a falta, a insuficiência ou a curta duração de enrijecimento do pênis. O conceito "transtorno de potência sexual" é um conceito geral que engloba também a sintomatologia da esterilidade. Os homens sofrem de disfunção erétil quando durante muitos meses não conseguem obter uma ereção satisfatória ou não conseguem mantê-la em metade de todas as tentativas. Os transtornos de ereção não resultam apenas de uma insuficiente irrigação sangüínea do pênis; na maioria das vezes essa irrigação é suficiente, mas ocorre que o sangue se escoa muito rapidamente.

Ao contrário do que acontecia antigamente, hoje as mulheres também estão sob a pressão do desempenho sexual. Elas próprias e também seus parceiros têm muitas vezes a expectativa de que o sexo sempre deva ser divertido e acompanhado de um orgasmo. Em função de circunstâncias diversas as mulheres sentem falta de apetite sexual, têm dificuldade em chegar ao orgasmo, têm dores durante o ato sexual, a vagina não se torna lubrificada o bastante. O medo de decepcionar o parceiro ou de não corresponder às suas expectativas fortalece a pressão pelo desempenho.

"Todos olham para mim!" – Os medos de falar em público e de apresentações

Detlef: medo de passar vergonha

Detlef tem 37 anos e namora uma escriturária, funcionária de um banco. Após ter concluído seus estudos de informática ele trabalhou no desenvolvimento de softwares. Há um ano, quando seu chefe se aposentou, ele foi promovido a diretor do departamento de desenvolvimento de programas. Desde então ele tem consciência de que sua competência social é deficiente em comparação à sua qualificação especializada. Apresentações em público são para ele um tormento, o que ele até então não percebia dessa forma. Antes ele tinha de falar apenas diante de algumas poucas pessoas e não, como agora, diante de um grande público – seja este composto de funcionários, de parceiros nos negócios ou de ouvintes das palestras, presenciadas também por algumas personalidades de seu setor.

Agora, por ser o chefe, Detlef tem curiosamente mais receio de seus superiores do que antes – afinal, seu prestígio social é maior, como a reputação que está em jogo. Ele não quer de maneira nenhuma decepcionar as altas expectativas da diretoria, e exatamente por essa razão fica muito tenso diante de seus superiores. Receia que durante uma palestra, justamente quando todos os olhares lhe estiverem direcionados, ele comece a gaguejar por insegurança, fique vermelho de constrangimento, ou se ponha a transpirar, nos momentos de maior pressão. Depois de cada apresentação em público ele sempre sente mais uma vez ter conseguido evitar o pior.

Como justificativa para seu medo infundado ele pode citar apenas uma vivência não elaborada: com a idade de 16 anos, durante uma exposição oral na escola, todos os colegas de classe começaram a rir quando ele, por inabilidade, deixou cair suas anotações. E durante um evento, para o qual o banco também convidara sua mulher, ele percebeu uma leve tremedeira ao brindar com uma taça de espumante quando foi apresentado ao seu chefe. A situação foi constrangedora para ele, pois que ele estava seguro de ter chamado a atenção de modo constrangedor, muito embora ele nem mesmo pudesse saber se sua tensão havia sido percebida externamente.

Desde essa experiência, ocorrida há meio ano, Detlef presta muita atenção para não tremer, de nenhum modo que seja, quando segura qualquer coisa com a mão direita. Ele poderia expor seu nervosismo se tremesse ao segurar um copo, uma xícara de café, uma colher de sopa ou uma caneta. Essa angustiante expectativa aumenta sua tensão em determinadas situações sociais. Por trás de todos os seus receios, de se ridicularizar e até mesmo ser "desmascarado" como chefe incapaz, está o mesmo medo: o receio de fracassar em seu papel e não mais ser apreciado pelos outros.

Fracassar à vista de todos – Risco de perder o prestígio social?

Muitas pessoas têm medo de fracassar em contatos sociais extrafamiliares. A razão para tal é a crença de que seriam incapazes ou de que não seriam boas o suficiente; essas pessoas têm uma imagem negativa de si mesmas: "Eu não sou legal", "eu não estou bem do jeito que eu sou", "não sou digno de ser amado com meus erros e fraquezas". Estas idéias negativas intensificam diretamente a fobia social no relacionamento com outras pessoas. As pessoas que desenvolvem esse tipo de medo receiam fracassar diante dos outros, não desejam arriscar-se de modo algum a uma possível rejeição. As pessoas que têm fobia social são extremamente críticas em relação a si mesmas.

Nós temos medo de sermos criticados e de fracassar em situações nas quais nos sentimos observados por outras pessoas. As razões para isso localizam-se na maioria das vezes em nós mesmos: autocriticamo-nos por fraquezas reais ou imaginárias, até mesmo muito antes de depararmos com outras pessoas. Na maioria das vezes queremos evitar as situações sociais em que somos avaliados. Se mesmo assim temos de nos defrontar com situações sociais procuramos, na medida do possível, nos apresentar de forma perfeita e de maneira que possibilite a condescendência. Esse tipo de comportamento deve impedir que sejamos criticados e rejeitados por nossos semelhantes. Consideramos nossas fraquezas como vergonha e defeito, então fazemos de tudo para nos apresentarmos bem e causarmos boa impressão. Ficamos estressados em todos os encontros sociais, ao nos auto-observarmos e fazermos jus a um comportamento socialmente desejado.

Todas as pessoas têm uma necessidade, natural, de causar uma boa impressão de si e de obter reconhecimento por parte dos outros. O medo de chamar a atenção de forma embaraçosa e de uma rejeição humilhante é, no entanto, na maioria das vezes, tão grande que inibe a necessidade de causar boa impressão. Estas pessoas evitam, pois, a qualquer preço, vivenciar situações em que sejam o centro das atenções. Muitas pessoas têm "verdadeiro horror" de falar em público ou de se apresentar diante de outras. Elas têm medo de fracassar, muito embora não tenham de mostrar nenhum tipo de desempenho, como se tivessem de realizar uma prova. A pressão torna-se ainda maior também porque hoje em dia falar com segurança e apresentar-se de forma magnânima representam qualificações indispensáveis na profissão e mesmo no lazer.

Um certo nervosismo diante de apresentações em público é normal. É aquele friozinho na barriga da situação particular e a tensão da expectativa costumeira, que sentimos antes de todas as apresentações regulares. Toda aparição e toda apresentação em público vive da interação única entre o apresentador e o público. Será que a transmissão da mensagem para o público vai funcionar tão bem quanto da última vez? Seremos totalmente diferentes da próxima vez? Quanto mais ambicionamos a rotina, mais perdemos as chances do momento, as possibilidades que nos são dadas para utilizar pelo bem-estar de todos.

Nas aparições em público de todos os tipos os pontos principais são a singularidade da vivência e o caráter único da situação. Somos diferentes a cada apresentação, como também os outros. Além disso, eles não são os mesmos em todas as situações. É isso que faz o caráter de cada encontro. Mesmo que haja uma rotina, jamais sabemos o que poderá acontecer.

Os bons e experientes oradores e conferencistas têm coragem de variar e improvisar nas diversas situações. Eles não têm medo algum de seu próprio papel e de sua personalidade. Eles têm coragem de assumir sua linguagem corporal individual, sem deixar que seu comportamento seja inibido pelo medo. Por outro lado, os iniciantes inseguros procuram acalmar-se, ao querer realizar tudo segundo um padrão determinado. Com isto eles adquirem segurança, e desta forma evitam o medo de fracassar. No entanto, o desenvolvimento e a apresentação da autoridade própria garante da melhor forma que as oradoras e os palestrantes não se entreguem completamente à temida autoridade do público.

Nas situações em que temos de aparecer em público nos sentimos "apertados", nas mais variadas acepções da palavra. Em alemão, as palavras "medo" e "aperto" possuem a mesma raiz: quando nos sentimos angustiados, quase sem ar para respirar, sentimos medo e de preferência gostaríamos de correr da situação. Nós nos esquecemos de toda a possibilidade de criar o espaço de que precisamos para nos sentir bem.

Muitas pessoas temem nas situações sociais deixar atrás de si uma má impressão ou de sentir uma ansiedade desagradável. Por este motivo evitam a luz da opinião pública. Elas se tornam tensas psíquica e fisicamente, quando são o centro das atenções de outras pessoas e quando, por exemplo, devem falar com delas. Suas vozes se tornam altas e trêmulas, suas respirações aceleradas e curtas, elas transpiram ou tremem, ficam vermelhas, confundem-se ou perdem o fio da meada.

Nós reagimos, sim, com medo de falar e de se apresentar a exigências de desempenho imaginárias ou reais, nas seguintes situações. Por exemplo:

- ao falar em público ou tomar a palavra em um grupo;
- ao fazer uma palestra ou um discurso;
- ao ser o centro das atenções em uma celebração;
- ao realizar uma tarefa e ser observado durante a sua execução;
- ao participar de discussões;
- ao ter de idealizar um evento ou apresentá-lo;
- ao conduzir conversas com autoridades;
- ao realizar entrevistas de seleção.

Os medos normais de falar em público e de discursar provêm da timidez. O medo prejudicial de falar em público representa uma forma leve de fobia social. As pessoas atingidas por esse medo esperam constantemente serem criticadas pelos outros e desenvolvem sintomas físicos prejudiciais.

Os medos de falar em público e de discursar aparecem já na idade do ensino fundamental. Esses medos nos colocam em muitas situações da vida diante de problemas na universidade ou no emprego e em todas as possíveis ocasiões particulares em que nos encontramos em um grupo.

Pessoas inseguras vivem com um medo constante de ser rejeitadas por seus semelhantes e de falhar em situações de contato social. Por trás do medo de fazer contato encontra-se, com freqüência, o medo de fracassar nas seguintes situações sociais:

- quando somos apresentados a outras pessoas;
- ao conversar com elas;
- quando olhamos nos olhos de pessoas estranhas;

- ao conhecer pessoas do sexo oposto;
- quando participamos de grupos (festas, comemorações, encontros, compromissos diversos, almoços ou jantares de negócio).

"Eles vão acabar comigo!" – Os medos de auto-afirmação

Jan: os outros são mais poderosos

Jan tem 31 anos, vive e mora só. Ele trabalha como ajudante de obras em edificações. Desde os tempos de escola ele tem o mesmo problema: não consegue se impor no círculo de amigos e colegas. Por medo de rejeição, ele sempre se coloca do lado da maioria, para justamente evitar rejeições diretas e conflitos que ela não poderia suportar. Sua tática e sua propensão maria-vai-com-as-outras são conhecidas de todos e não lhe trazem nenhuma satisfação minimamente palpável. Com medo de uma total marginalização social ele se orienta sempre segundo os desejos dos outros – e com isso parece ainda mais fraco e desamparado.

Como Jan não tem família e não sabe se defender das exigências desproporcionais das outras pessoas, seu encarregado constantemente lhe passa tarefas e escalas de trabalho, das quais seus colegas, com bons argumentos, sempre conseguem escapar. Ele até se aborrece com a forma que seus colegas de trabalho e seu encarregado o tratam, mas não protesta. Também é alvo de zombarias, porque ainda não tem namorada. Na empresa ele é tido como "pau pra toda obra": deve executar o que ninguém quer fazer. Com medo de que os outros acabem com ele caso venha a se defender, ele engole tudo.

Jan só é corajoso quando sob o efeito do álcool, mas infelizmente o é, pois, de uma maneira que ao final o faz de novo fracassar, pois que em seguida é obrigado a desculpar-se pelo seu tom, muito embora no fundo tenha expressado um interesse justo. Para não ser tido como um fracassado no emprego, ele pensa ter apenas uma escolha, ou seja, fazer o que os outros exigem dele. Antes, em ocasiões particulares, nas quais procurou defender-se, foi vítima do chamado "mobbing". Sempre receoso de seus colegas de trabalho, ele agora prefere ceder, para evitar a marginalização e a rejeição social.

Medo da inferioridade social

Muitas pessoas, por medo do fracasso e da rejeição, quase não se atrevem a se impor energicamente diante dos outros. Estas situações ativariam o medo que lhes é fundamental. As pessoas que possuem uma capacidade de auto-afirmação deficiente encontram-se ante um dilema: querem muito se mostrar autoconfiantes, mas com isso tornam-se dependentes do julgamento de outros. Quanto mais elas se preocupam com as possíveis reações das outras pessoas diante de sua atuação autoconfiante, mais poder as tais lhes concedem sobre seu comportamento – e com isso confirmam tanto mais sua própria inferioridade. Estão sempre a se preocupar com questões do tipo: "Os outros continuarão a gostar de mim se eu tiver uma opinião contrária à deles?"; "me aceitarão em seu grupo se eu defender com veemência as minhas opiniões?"

Temos medo de nos auto-afirmarmos nas seguintes situações:

- quando defendemos nossa opinião e queremos nos impor;
- ao contestarmos alguém por discordar de suas opiniões;
- quando procuramos resolver um conflito com outra pessoa;
- quando nos opomos a injustiças e expectativas;
- ao nos defendermos de críticas injustificadas;
- quando impomos exigências individuais em um grupo;
- quando apresentamos uma queixa e fazemos reclamações em estabelecimentos comerciais;
- aos nos depararmos com pessoas supostamente críticas.

2
O medo de fracassar – De onde vem e para onde leva

O medo do novo sempre nos leva a reincidir em velhos erros.
Ernst Ferstl

2.1. Causas dos medos de fracassar

Tão logo tenhas confiança em ti mesmo, mais rápido aprenderás a viver.
Johann Wolfgang von Goethe

Quando as pessoas têm um medo exacerbado do desempenho, na maioria das vezes isso tem inúmeras razões. As principais causas para o medo do desempenho podem ser rapidamente enumeradas. O medo de desempenho se apresenta:

• quando diante de um sentimento de baixa auto-estima exigimos demais de nós mesmos;

• quando nossa necessidade de aceitação social é muito grande;

• se desde a infância nos sentimos por demais exigidos;

• quando temos receio do fracasso e desejamos evitá-lo de qualquer maneira;

• se nos auto-observamos demais em situações de desempenho;

• quando o estresse no emprego aumenta.

"Sou um zero à esquerda!" – Baixa auto-estima e exigências excessivas

Michael: os outros são sempre melhores

Michael tem 29 anos e não consegue desenvolver nenhum relacionamento estável. Ele trabalha como auxiliar em uma empresa do setor agrícola. Desde sua infância, seu pai, uma pessoa supercrítica, apontava suas falhas o tempo todo. Ele dizia sempre coisas do tipo: "Teu irmão mais novo já é melhor do que você!" Michael não concluiu sua formação profissional como serralheiro. Ele achava que não era tão bom quanto os outros jovens em sua empresa. Por que ele acreditava nisso? O motivo foi uma única inabilidade, da qual seus colegas riram dele certa vez.

Michael inveja os homens de sua idade, que no relacionamento com as mulheres se mostram muito mais descontraídos e têm mais sucesso do que ele, tímido e inseguro. Ele freqüentou um curso de dança, para ficar mais desembaraçado ante o sexo oposto – mas também essa iniciativa foi interrompida sob a alegação de que ele não seria tão bom na dança. Em relação a si mesmo Michael sempre encontra o mesmo argumento: "Eu não sou bom o bastante, não consigo fazer isso ou tal coisa, os outros são melhores, quem é que vai querer trabalhar comigo?" Já durante o ensino primário sua professora percebera: antes que ele começasse alguma coisa, já queria dominá-la com perfeição. Porque não queria envergonhar-se diante dos outros. Se ante uma nova tarefa isso não fosse possível, ele desistia antecipadamente de sua realização. Não tinha persistência para enfrentar um desafio e vencê-lo.

Durante a época do ensino fundamental uma psicóloga da escola diagnosticou que ele possuía uma boa capacidade de render intelectualmente. Mas, por medo de fracassar, Michael não conseguiu se valer desse potencial. Já na infância ele se resignava quando não conseguia imediatamente dominar alguma coisa. Por quê? Ele pensava, os outros já teriam feito isso há muito tempo, portanto também ele teria de ser capaz da mesma coisa. Porque a seus olhos ele não poderia dominar uma tarefa com a rapidez necessária, preferia logo abandoná-la. No emprego atual, Michael teria a chance de uma melhor qualificação. No entanto, para tanto ele precisaria aprender noções de informática, o que acredita não poder ser possível. Assim, ele rejeita a possibilidade de se aperfeiçoar.

Michael não é exatamente o que se pode dizer bem-sucedido na profissão e nos relacionamentos. Motivo: vê-se incapaz. A raiz desse problema está em sua falta de disposição para aprender por tentativa e erro. Ele coloca exigências muito altas em sua capacidade, para compensar seus sentimentos de inferioridade – mas isso sufoca desde o início qualquer esforço para mais competência. Nos termos de uma profecia auto-realizável ele confirma a previsão de seu pai, que lhe vaticinara: "Você jamais conseguirá realizar alguma coisa se continuar a agir desta maneira".

Os dois aspectos centrais do sentimento de auto-estima

Os medos de desempenho são muitas vezes causa e conseqüência de uma baixa auto-estima. Os conceitos de auto-estima, autoconfiança, auto-aceitação, amor-próprio, auto-segurança, auto-afirmação e mais recentemente competência técnica remetem a forças individuais e à confiança otimista em si mesmo. Muitas psicólogas e muitos psicólogos usam a designação "sentimento de auto-estima" como um conceito geral. Esses profissionais diferenciam duas áreas que estão intimamente relacionadas: confiança na própria capacidade e confiança no próprio valor.

Se acreditamos em nossa capacidade de agir vivenciamos essa crença como confiança ou sentimento de competência. Não temos confiança em nossa capacidade de realização, quando a vida nos apresenta atribuições e problemas. No jargão da psicologia isso recebeu o nome de "auto-realização" (do inglês *self-efficacy*). As pessoas que possuem um sentimento de elevada auto-realização confiam na eficiência do que realizam. Quando acreditamos em nossa auto-realização, vivenciamo-nos como fortes e competentes, mesmo quando situações e tarefas novas e desconhecidas se nos apresentam. Nós nos sentimos à altura de enfrentar os desafios da vida. Estamos convencidos de que atingiremos nossos objetivos enquanto pudermos influenciar o êxito com nossas possibilidades e esforços. Pessoas que acreditam pouco em sua auto-realização – ou, mais simplesmente, que não confiam no próprio conhecimento e capacidade – têm receio de novas tarefas e situações e as vêem como difíceis; não têm confiança em sua superação.

Nossa capacidade de acreditar na eficiência de nossa ação também se revela nos relacionamentos interpessoais. Somos socialmente competentes quando moldamos de maneira bem-sucedida as situações e os encontros e podemos nos sobressair pessoalmente. Isso também vale para o ambiente de trabalho. Possuir apenas conhecimento especializado já não é suficiente no âmbito profissional. Para ter sucesso profissional precisamos nos "vender bem" e conseguirmos nos impor. Talvez você já tenha passado pela dolorosa experiência de perceber que muita capacidade e bom desempenho não bastam. É preciso também demonstrá-lo. Uma atuação segura pode deslumbrar, mas a longo prazo não é suficiente se não corresponder também à capacidade. Mas facilita tremendamente a carreira, há que se reconhecer. Uma alta competência social no trato com outras pessoas é comumente chamada "auto-segurança" ou "auto-afirmação".

O segundo aspecto do sentimento de auto-estima é a confiança no próprio valor. Estamos convencidos de que merecemos ser valorizados e amados. Esse ponto de vista é mais bem definido sob a designação de "auto-estima". Nós nos autoaprovamos e nos auto-aceitamos da maneira que somos. E desejamos o mesmo das outras pessoas. Esperamos o apreço de nossos semelhantes, porque nós mesmos nos apreciamos.

Quando nos avaliamos muito negativamente e nos sentimos inferiores, tememos então que os outros também nos rejeitem. Temos medo de fracassar. Não acreditamos que possamos causar boa impressão nas outras pessoas.

Com um ego forte podemos viver satisfeitos e com a sensação de ser bem-sucedidos. Ao mesmo tempo, uma auto-estima estável não depende unicamente de sucesso ou de reconhecimento. Depende muito mais de nos aceitarmos como somos. Os medos de avaliação surgem quando sentimos medo de que alguém venha a ferir a nossa auto-estima. Se, porém, tivermos uma auto-estima vigorosa teremos menos medo da maneira como as outras pessoas nos avaliam.

Homens e mulheres costumam erigir seu sentimento de auto-estima de maneiras diferentes. Os homens desejam acima de tudo ser apreciados pelo seu desempenho e, se for possível, ser julgados melhores do que os outros. Para as mulheres costuma ser importante causar boa impressão e ser aceitas. Nos dois sexos o sentimento de auto-estima decresce de forma ameaçadora quando seus representantes se sentem pouco capazes de desempenhos ou quando suas relações com os demais se tornam frágeis ou instáveis. As pessoas autoconfiantes, pelo contrário, confiam em primeiro lugar em si mesmas. Encontram muito mais apoio em sua própria personalidade do que em um ambiente que teria constantemente de fortalecer sua auto-estima.

Auto-estima em alta, auto-estima em baixa

Pessoas que possuem um bom sentimento de auto-estima estão seguras de seu valor. Têm uma alta opinião sobre si mesmas, confiam em seu conhecimento e em suas capacidades. Sentem-se à altura das exigências da vida. Dão mais importância àquilo que podem alcançar e ganhar do que àquilo que poderia não dar certo. Estão dispostas a arriscar alguma coisa, porque não culpariam a si mesmas por insucessos eventuais – responsabilizariam, isto sim, fatores externos. Podem persistir por muito tempo diante de tarefas difíceis. Podem lidar melhor com o fracasso do que aquelas que, ante grandes exigências, fracassam rapidamente e a cada derrota têm abalados os alicerces de sua personalidade. Após um insucesso, esforçam-se ainda mais e acreditam no êxito que virá.

As pessoas que possuem um sentimento de auto-estima baixo ou instável não têm uma idéia exata de seus pontos fortes e fracos. Desejam ser bem-sucedidas, mas duvidam de suas capacidades. Por isso não se atrevem a realizar tarefas difíceis, ou o fazem de modo hesitante. Essas pessoas se deixam desencorajar facilmente por insucessos, sentem-se sempre culpadas pelo seu próprio fracasso. Em razão da escassa autoconfiança resignam-se muitas vezes muito rápido, "afinal" elas "com certeza não conseguem". Preferem muito mais ser amadas do que respeitadas e admiradas. Assim, se possível reprimem suas capacidades e idéias, para evitar conflitos. Para elas é mais importante evitar a desaprovação, do que objetivar a aceitação, fazendo valer a divisa "não chamar a atenção de forma negativa". Evitar ou corrigir seus erros conta para elas muito mais do que cultivar seus pontos fortes.

Pessoas que querem evitar os insucessos e têm medo do fracasso possuem em geral uma auto-estima muito reduzida. Desencorajam-se a si mesmas o tempo todo, porque se sentem inferiores. Estas pessoas são particularmente dependentes de um *feedback* positivo de seus semelhantes, muito mais do que as que são seguras de si mesmas. Com isso tornam-se emocionalmente dependentes do ambiente em que vivem.

As pessoas orientadas para o sucesso têm, pelo contrário, pouco medo de fracassar. Elas possuem um bom sentimento de auto-estima. Elas vêem as experiências de fracasso de outra maneira. Os estudantes dizem, por exemplo: "Eu sei que de um modo geral sou um bom aluno, mas a matemática é o meu ponto fraco. Tenho de me dedicar mais a essa matéria para obter uma nota pelo menos razoável". Os profissionais que possuem um bom sentimento de auto-estima podem constatar: "O meu trabalho eu sempre faço bem. Mas quando tenho de apresentar os resultados para o meu chefe, sempre fico nervoso. Mas eu sei que posso lidar com isso, que meu chefe me aprecia, mesmo se de vez em quando cometo um erro ou pareço inseguro".

"Quero ser amada!" – A necessidade de aceitação

Monika – deve ser amada por todos

Monika tem 39 anos. É casada, tem dois filhos e trabalha como cabeleireira. Vive atormentada por um desejo irrealizável: “Todos devem me amar”. Não se satisfaz se suas clientes, por causa de sua competência, gostam de cortar os cabelos com ela. Ela deseja que as clientes a julguem encantadora e queiram ter mais contato com ela. Para Monika não basta que sua chefe elogie a sua eficiência e lhe pague um salário maior. Ela deseja que a chefe se comporte como uma boa amiga. Monika só deixaria de ter medo de fracassar se a chefe concedesse mais afeição a ela do que às colegas do salão.

Nas discussões com os filhos, Monika não se satisfaz quando age da maneira correta. Seus filhos devem amá-la incondicionalmente, mesmo quando estão aborrecidos com ela – caso contrário, eis aí um sinal de ter falhado como mãe. Ela não se contenta quando consegue dizer o que pensa e impor-se ao marido dominante. Mesmo nesses momentos cheios de tensão, seu marido deve lhe ter muito amor, pois de outra forma ela acredita ter falhado como esposa.

Com o passar do tempo Monika começou a entender as conseqüências de sua atitude e comportamento. Ela tem muita dificuldade de se impor até mesmo em assuntos sem importância – por quê? Porque tem medo de perder a afeição dos outros. Para ela não basta ser competente em alguma coisa. Também quer ser aceita em suas relações, ser amada e ter reconhecimento.

Monika se coloca na dependência de outras pessoas e de sua afeição. Ela costuma se perguntar o que não teria dado certo em sua educação e no desenvolvimento de sua personalidade, até que percebe: na verdade nada. Tem apenas o quase incorrigível desejo de que todas as pessoas devam amá-la incondicionalmente, como um pai e uma mãe amam a um filho. Caso contrário ela se vê diante de um dilema: como poderá ter algum valor como pessoa para si mesma se também não for digna de algum valor para todas as pessoas?

Um caminho perigoso: aceitação pelo desempenho

Nosso sentimento de auto-estima desenvolve-se desde a infância pelo convívio com nossos semelhantes: “Eu tenho algum valor, porque os outros me consideram". Ou, ao contrário: "Se os outros não gostarem (mais) de mim e não (mais) me aprovarem, eu me sentirei menos valioso".

Muitas pessoas em sua infância fizeram a seguinte descoberta: "Meus pais só me amam quando eu apresento o desempenho esperado (quando tiro boas notas, quando sou corajoso etc.)". Tais crianças jamais vivenciaram a afeição irrestrita de seus pais. Quando adultas, têm dificuldades para poder desenvolver um sentimento de auto-estima que não dependa de seu desempenho. E muitos adultos só se sentem importantes e dignos de valor quando se engajam e se sacrificam pelos outros, muitas vezes até o Burnout. As pessoas que possuem uma autoestima baixa esperam: "Eu terei algum valor se por meio de meus desempenhos tiver algum valor para ele ou para ela".

Nossos semelhantes nos devem aceitar e aprovar, e então incrementamos nosso desempenho. Se não nos sentimos realmente aceitos socialmente, esforçamo-nos ainda mais. Acreditamos e esperamos com isso reconquistar a afeição dos outros. Temos receio de mostrar nossas fraquezas, pois achamos que as fraquezas prejudicam nosso prestígio. Para fazer boa figura e ser aceito por todos em qualquer lugar é importante ser "in", pensar positivamente e ser bem-sucedido em todas as atuações. Aquele que não pode acompanhar fica para trás e acaba afastado do convívio social.

Sem sombra de dúvida, a aceitação social e uma capacidade de desempenho estável garantem uma boa dose de auto-estima. No entanto, em tempos de crise o que importa é nos amarmos a nós mesmos e estarmos convencidos de nosso próprio valor, mesmo sem sua confirmação pelos outros e sem a constância de experiências bem-sucedidas. Embora as pessoas autoconfiantes gostem da aceitação dos outros pelo seu desempenho, o seu sentimento de auto-estima, no entanto, não depende desse reconhecimento.

Todos queremos ser pessoas dignas de valor, e sermos, por esse motivo, apreciados pelas outras pessoas. No entanto, os que possuem dúvidas em relação a sua auto-estima têm medo da avaliação e do fracasso diante de qualquer exigência de desempenho. Pensam: "Eu sei que não tenho nenhum valor e que não posso realizar nada. Desta vez tampouco conseguirei. Os outros vão achar que não sou inteligente, que sou mesmo um incapaz."

Inúmeros estudantes de ensino fundamental e médio, universitários e trabalhadores, que possuem um sentimento de auto-estima reduzido, têm medo de fracassar, mesmo com um bom desempenho. São pessoas que não querem decepcionar as expectativas das outras e fazem de tudo para justificar a confiança que foi depositada nelas. Querem ter seu próprio valor atestado pelos demais.

As pessoas de baixa auto-estima gostariam de produzir uma boa impressão emocional nas outras pessoas. Elas querem evitar a crítica e a rejeição a qualquer preço. Os outros devem aprovar suas ações e compensar as dúvidas que têm acerca de si mesmas. Elas anseiam intensamente por proximidade e por segurança e fazem tudo para não ser rejeitadas pelos outros. Se, no entanto, duvidamos todo o tempo de nós mesmos, os outros tampouco desenvolverão boa impressão a nosso respeito. Quanto mais for este o caso, menor será a possibilidade de experiências de aprovação e de desempenhos encorajadores – e mais baixo nosso sentimento de auto-estima. Com o passar do tempo, esse círculo vicioso pode conduzir a muitos problemas psíquicos e sociais.

Tememos principalmente as avaliações negativas e de um eventual fracasso em se tratando de pessoas cujo reconhecimento é muito importante para nós. Trememos mais nas apresentações diante de superiores e de pessoas que estimamos do que diante de pessoas que julgamos incompetentes ou a quem damos pouca importância. Muitos homens ficam mais nervosos no convívio com as mulheres a que desejam impressionar do que no convívio com as que lhes parecem pouco atraentes. E vice-versa com as mulheres.

As pessoas que têm medo de ser criticadas são, paradoxalmente, muitas vezes as que mais criticam a si próprias. Lidam consigo mesmas com muito pouco apreço. Não podem suportar nenhuma crítica porque vêem seu próprio desempenho de forma bastante crítica, e não raro não podem se perdoar nem mesmo em seus pequenos erros. Quando alguém, com razão, critica alguma coisa, elas se aborrecem consigo mesmas, por não terem sido capazes de reconhecer o erro por ou por não tê-lo evitado. Essas pessoas têm muita dificuldade em tolerar os erros e as frustrações.

A crítica de outrem nos atinge de modo tão intenso porque vem acompanhada da autocrítica correspondente. O insucesso e a crítica nos atingem ainda mais se não podemos distinguir entre nosso valor como pessoa e um fracasso em uma situação específica. Enquanto as pessoas autoconfiantes esquecem seus erros rapidamente, as pessoas inseguras pensam nos seus o tempo todo. Elas querem, no futuro, de qualquer forma evitar as autocríticas e também as críticas das outras pessoas.

"Quero ser o melhor!" – Exigências excessivas desde a infância

Erwin: somente os desempenhos extraordinários têm importância

Erwin tem 53 anos. É casado e pai de um filho bem-sucedido em sua profissão. Erwin trabalha como gerente do setor de tecnologia de informação em uma grande empresa. Sempre foi uma pessoa muito preocupada em ser o melhor em tudo. Ao lado das excelentes notas obtidas no ginásio e durante os estudos de informática, os desempenhos esportivos acima da média sempre lhe foram muito importantes, sobretudo os resultados em corrida, no ciclismo e no tênis.

Ultimamente Erwin começou a ter a impressão de que seus desempenhos físico e mental podem estar enfraquecendo. Para lutar contra essas fraquezas ele se empenha cada vez mais. Mas é visível: a tentativa de concorrer com a juventude tanto no campo profissional como no campo privado não está sendo fácil para ele. Na empresa é assolado por um medo crescente de fracassar em tarefas difíceis e, dessa forma, na condição de chefe, envergonhar-se diante dos jovens acadêmicos.

No esporte ele sofre com o fato de seu filho ganhar quase todas as partidas de tênis que disputam.

Erwin tem muita dificuldade em aceitar a redução de seu vigor físico e mental. Suspeita que tenha alguma doença física e já fez vários exames médicos. Os resultados são excelentes para uma pessoa da sua idade. Por causa dos distúrbios de concentração esporádicos ele já realizou exames neurológicos – tudo em ordem. Queixa-se de problemas de memória e tem medo do Mal de Alzheimer. Por isso submeteu-se a testes psicológicos. Resultado: desempenhos acima da média; ocorre que se fez detectar a Síndrome de Burnout.

Sobre isso, bem, Erwin não quer tomar conhecimento. Melhor ter uma doença orgânica do que estar abalado psiquicamente. No seu entender ele não seria responsável por uma doença física; já uma doença mental seria culpa sua – o que é simplesmente inaceitável em sua ambição de desempenho. Ao final, o estresse profissional acabou por levar a problemas ocasionais de potência sexual. E aqui se mostra de forma conclusiva o problema crucial de Berger: ele sofre por nem sempre ser o melhor, de não mais ser capaz de tudo não importa quando. Questiona sua auto-estima como homem, porque tem medo de falhar na profissão e no amor.

Pressão pelo desempenho desde a infância

O lar e a escola exercem uma influência essencial sobre a maneira pela qual as crianças adquirem conhecimento de si e se deixam avaliar. Este conhecimento pode ser adquirido em clima de contentamento ou envolto em medo constante. As condições de socialização familiares e extrafamiliares são muitas vezes a pedra fundamental para os medos de prova e de desempenho.

Os medos de fracassar já se desenvolvem na infância, quando os pais sobrecarregam constantemente seus filhos com expectativas muito elevadas. Muitas vezes eles criticam em demasia os desempenhos apresentados e gostariam de evitar todos os fracassos. Rotulam seus filhos como incapazes, com afirmações do tipo: "Você ainda não tem capacidade para entender essas coisas", "ah, não sabe?", "você não vai conseguir nunca", "muito desajeitado e desastrado...", "eita, não sabe fazer nada mesmo...", "a continuar desse jeito nunca vai ser alguém". Dessa forma os pais põem abaixo a autoconfiança de seus filhos. O desenvolvimento de uma auto-estima vigorosa tem assim poucas chances de ocorrer.

Os pais dão aos filhos, em seu caminho pela vida, seis diferentes tarefas e mensagens, que intensificam a pressão pelo desempenho e aumentam o medo de fracassar:

1) "Dê o melhor de si!" As crianças têm constantemente de ser ainda melhores. Ao mesmo tempo, não há nenhum critério claro para definir quando alguma coisa é boa o bastante. Em conseqüência, as crianças ficam sempre com a sensação de fracasso. O que se ouve o tempo todo é: "Poderia ser melhor!" Assim não há reconhecimento nem recompensa.

2) "Faça-me um favor!" As crianças devem deixar seus pais satisfeitos, não irritar nem decepcionar ninguém. Um desempenho é bom quando satisfaz as expectativas das outras pessoas. Cada fracasso dos filhos causa uma grande decepção aos pais.

3) "Controle-se!" As crianças têm sempre de ser corajosas, seguindo o lema "seja forte!" Não podem ter medo algum, e não devem expressar sentimentos de fraqueza que possam eventualmente lhe acometer. Esses devem ser reprimidos e ocultados. O principal objetivo é resistir a tudo de forma persistente. Os medos de fracassar são a conseqüência lógica quando as crianças não conseguem alcançar o ideal dos pais.

4) "Seja rápido!" As crianças devem fazer tudo com rapidez. Concluir uma tarefa não é o suficiente para obter reconhecimento. E uma vez que a criança se esforça em trabalhar mais rápido, torna-se tanto mais sujeita a erros. E quando de fato comete algum, é tomada por tanto maior medo de fracassar.

5) “Seja perfeito!” A tarefa de executar qualquer coisa sem erros incentiva o desenvolvimento dos medos de fracassar, em toda e qualquer atividade. Afirmações do tipo “não existe esta coisa, de não poder fazer algo!” incitam nas crianças um perfeccionismo que não é real.

6) “Seja mais espontâneo!” As crianças recebem a tarefa – paradoxal – de ser espontâneas e descontraídas – por exemplo, nos contatos sociais. Espontaneidade é justamente o que não podemos obrigar alguém a ter dessa forma. Com isso, a criança alimenta mais medos de fracassar.

Altos desempenhos constantes como meio de estabilizar a auto-estima

Pessoas com medo de fracassar têm, consciente ou inconscientemente, pretensões muito altas em relação a si mesmas. É o modo de que dispõem e fazem uso para equilibrar seus sentimentos de inferioridade e crises de auto-estima. Têm dificuldades para lidar com ditos populares do tipo “errar é humano” ou “ninguém é perfeito”. Para evitar erros e críticas gostaríamos de fazer tudo de forma perfeita. Achamos que assim não daremos oportunidade para ser criticados e que seremos intocáveis. Além disso nos estressamos, porque não queremos nos vivenciar como incapazes. Exigimos em demasia de nós mesmos, porque temos as fraquezas de desempenho como um defeito intolerável. Até mesmo um pequeno erro é vivenciado por nós como um fracasso pessoal. Encarregamo-nos de nos colocar sob uma pressão desumana pelo desempenho.

A independência e a autonomia, que também envolvem “poder errar”, não são muito incentivadas em crianças. Em vez disso, os pais interferem sempre que possível para proteger os filhos de insucessos. Muitos pais os educam desde pequenos para se sentir desamparados e dependentes ante eles e as outras pessoas. Os filhos estão convencidos: “Sem a ajuda dos outros não vou conseguir”.

Os pais incentivarão os filhos a ter uma imagem positiva de si mesmos se, mais do que tudo, destacarem seus pontos fortes. Favorecerão uma auto-imagem negativa se se concentrarem todo o tempo em erros e nos pontos fracos – a ser eliminados. As crianças deveriam receber tarefas para as quais tivessem, fundamentalmente, a perspectiva de ser bem-sucedidas. Encargos que possuem chance de sucesso e de superação, mas que poderiam também não se realizar dessa forma confrontam as crianças com seus limites. Dessa maneira elas adquirem alguma tolerância à frustração e mais tarde podem lidar melhor com dificuldades e decepções.

Se uma criança não consegue satisfazer expectativas exageradas, ela se sente simplesmente culpada pelo próprio fracasso e, conseqüentemente, inferior, pois está sempre a fracassar. Muitos pais só aceitam os filhos quando estes apresentam um bom desempenho. Se este não for o caso, reagem não raro com ameaças, punições e proibições. Isso leva a criança a ter ainda mais medo de fracassar. O fracasso representa um desastre, punido muitas vezes com a privação do amor. E é freqüente as crianças evitarem certos desafios como reação a tal punição. Pela falta de experiências positivas, passam a não acreditar em sua própria eficiência.

Estudos científicos revelam que os pais de crianças medrosas conversam muito pouco com elas. Preocupam-se muito pouco com suas necessidades psicológicas. Reprimem o desejo de adquirir conhecimento de seus filhos, da mesma forma que reprimem a expressão de seus sentimentos. Esses pais transmitem aos filhos sobretudo regras e proibições. Dão muita atenção a normas e critérios de avaliação. Muitas vezes sobrecarregam os filhos com exigências e lhes dão pouco apoio moral e prático. Com freqüência adotam medidas punitivas, quando as exigências de desempenho não são correspondidas.

Com o decorrer do tempo as crianças introjetam os valores dos pais. Só vêem seus desempenhos como bons quando estes correspondem às expectativas dos adultos. Em conseqüência, rejeitam a si mesmas quando fracassam segundo os critérios de êxito usuais em seu ambiente. Vivenciam toda situação de desempenho como ameaça pessoal, já que a sua aceitação social estaria atrelada ao desempenho. Não raro jogam para o alto uma empreitada – para não fracassar: não comparecem a provas ou evitam determinados tipos de tarefas.

Uma grande pressão pelo desempenho na escola, um estilo de ensino autoritário e desincentivador por parte dos professores e uma concorrência exagerada entre os colegas de classe podem intensificar bastante o medo das provas e o medo de fracassar.

"Não vai dar certo" – Pensar no fracasso gera medo

Charlotte: medo crônico de fracassar originado por dúvidas quanto à auto-estima

Charlotte, 41 anos. É divorciada, tem uma filha e um relacionamento do tipo "de fim de semana". Trabalha como esteticista em um hotel da rede Wellness. Há muitos anos ela alimenta o desejo de tornar-se autônoma em sua profissão. E aqui reside o problema: Charlotte receia uma decadência profissional. Tem medo de fracassar, muito embora seja muito boa no que faz e tenha bastante segurança financeira. Seu sucesso à frente de um salão de estética em uma cidade turística seria praticamente certo. Mesmo assim ela teme coisas como problemas financeiros por parte de suas possíveis clientes.

Charlotte não consegue viver pautando-se pelo lema: "Quem não arrisca, não petisca", e essa é a questão que a acompanha por toda a sua vida. Em situações novas, em tarefas que até então nunca realizou, ela só consegue pensar no malogro. Charlotte não pensa antes de mais nada no êxito que pode vir a alcançar. Na escola, mesmo as boas notas não diminuíam o seu medo de fracassar em uma prova difícil. Desde o seu divórcio ela evita um relacionamento estável, e tem receio de uma separação. Tem medo de não ser boa o bastante para um parceiro.

Como lazer canta regularmente no coral da igreja. Várias vezes já lhe perguntaram se ela, com a voz tão maviosa que tem, não gostaria de eventualmente fazer as vezes de solista. Ela sempre se recusa, por medo de fracassar, e com isso passar uma grande vergonha.

Como mãe que educa sozinha a filha de 14 anos teme não fazer o melhor pela filha e de fracassar em sua educação. Cada vez mais Charlotte reconhece que está se tornando muito parecida com sua própria mãe – sob o pessimismo dela Charlotte já padecera desde a infância. Desde pequena a mãe lhe transmitia as seguintes mensagens: "Tome cuidado, para que nada de mal te aconteça!"; "seja cuidadosa em tudo o que fizer!"; "olha... só espero que não dê errado!"; "não conte vitória antes do tempo... algo de errado ainda pode acontecer!"

O medo do insucesso facilita o fracasso

O quanto e o que desempenhamos depende das pretensões que nos impomos. Algumas pessoas esperam sempre chegar ao sucesso; outras sempre têm medo do insucesso. A atitude individual determina então nossa motivação para o desempenho em geral. Deixamo-nos impelir pela perspectiva de sucesso ou esperamos, já receosos, o fracasso. Solucionamos com facilidade nossos problemas quando confiamos no sucesso. E, ao contrário, tudo se torna muito mais difícil se tivermos de lutar contra um temido malogro. Então passamos a ocupar nossos pensamentos com a maneira de poder evitar uma derrota ameaçadora e suas conseqüências, em vez de preparar o sucesso. Quando um atleta em uma competição já tem o fracasso diante dos olhos, o insucesso está programado por antecipação, antes de acontecer de fato.

Quando alunos de ensino fundamental ou médio, universitários ou esportistas pensam no sucesso e contam com um bom resultado, vêem suas tarefas individuais como um desafio. Eles gostam de mostrar o que sabem. Acreditam em si e em sua capacidade. E dedicam-se às suas ocupações com grande motivação e se alegram ante a prova ou a competição. Estão certos de poder dominar a situação. Se, no entanto, essas pessoas se sentem pouco exigidas ou entediadas diante de uma tarefa simples, sua disposição para se esforçar diminui, e o número de erros tende a aumentar. Portanto, também essas pessoas algumas vezes precisam de mais motivação ou de treinamento para aprender. Se têm algum medo do fracasso, mas ao mesmo tempo esperam obter sucesso, essa combinação pode incentivar o seu desempenho.

Pessoas que contam com o sucesso conhecem suas capacidades e estabelecem para si mesmas objetivos que podem alcançar. Escolhem tarefas com grau médio de dificuldade e desse modo podem se regozijar com os resultados obtidos. Se, no entanto partimos do princípio de que fracassaremos, escolhemos tarefas fáceis demais e com isso vivenciamos muito pouca aprovação. Pessoas ousadas com objetivos muito elevados e pouca persistência se decidem por tarefas difíceis. Diante de problemas resignam-se muito rapidamente, e assim só podem colher insucessos. Alunos de primeiro, segundo e terceiro graus que vivem voltados para o insucesso têm tanta capacidade de desempenho quanto os que estão voltados para o sucesso. Mas eles avaliam seu desempenho de outra forma: vêem o fracasso como sinal de sua incapacidade pessoal.

A psicologia distingue entre causas internas e externas para o sucesso e o fracasso. As causas internas estão na pessoa. As externas referem-se às circunstâncias particulares do ambiente. Tanto as causas internas quanto as externas podem atuar de forma duradoura ou sofrer modificações. Atribuímos nossos sucessos e fracassos a nossa própria pessoa (nosso conhecimento adquirido, nossos esforços individuais) ou a situações determinadas (uma tarefa foi difícil, tivemos sorte ou azar). É possível nos motivarmos para mais desempenho se atribuímos nosso êxito ao nosso empenho individual, isto é, se atribuímos o sucesso a causas internas. Portanto, ocorre um efeito propício ao desempenho quando colocamos nossa capacidade em primeiro plano. Se, ao contrário, atribuímos tudo ao acaso ou destacamos exclusivamente a dificuldade da tarefa, ou seja, partimos do princípio de que o sucesso ou o insucesso advém de causas externas, destruímos nossa motivação ainda mais. Em resumo: motivamo-nos para um bom desempenho se pensamos no sucesso e nos esforçamos para alcançá-lo.

As pessoas orientadas para o sucesso e as pessoas orientadas para o insucesso lidam de forma muito diferente com uma e com outra coisa. Se somos voltados para o sucesso atribuímos esforços bem-sucedidos a fatores internos, como nossa capacidade; o fracasso, ao contrário, é explicado por meio de fatores externos como situações não propícias – ou causas passageiras como a falta de empenho, o que nada tem que ver com a nossa capacidade. Dessa forma podemos suportar as vivências de fracasso com mais facilidade. As pessoas voltadas para o fracasso, ao contrário, imputam o sucesso a fatores externos, como a sorte e a facilidade de executar da tarefa, em vez de o fazerem a fatores internos como a própria capacidade. Este é o problema fundamental das pessoas voltadas para o fracasso: os possíveis erros são atribuídos, desde o início, à própria incapacidade. Os possíveis sucessos, pelo contrário, são frutos de uma circunstância feliz, sem nenhuma chance verdadeira de terem sido influenciados. Dessa forma essas pessoas desmotivam-se já desde o início.

Muitas pessoas não se atrevem a orientar seus pensamentos para o sucesso, e deixam de fazê-lo em razão de uma crença mágica. Não querem prever nada de positivo – pois se o fizerem alguma coisa ruim poderia acontecer de verdade. Desenvolvem a tática de um objetivo pessimista e, no que diz respeito à positividade, esperam por surpresas. Não querem desafiar o destino. São muito autocríticas, depreciam-se conscientemente – para desta maneira evitar a temida crítica alheia. No entanto, estratégias deste tipo são problemáticas, já que por meio delas nos fixamos ainda mais no fracasso.

"Estou fazendo como deve ser?" – Excesso de auto-observação nas situações de desempenho

Richard: sempre preocupado em causar uma boa impressão

Richard tem 35 anos, é casado, sem filhos. Formado em Administração de Empresas e muito competente, há um ano obteve uma promoção em sua profissão. Antes era encarregado, hoje é gerente de uma equipe de mais ou menos 100 pessoas. Poderia ficar contente com esse reconhecimento – se desde então não se sentisse psicologicamente pior do que antes. Vive atormentado por medos que até então desconhecia, como: corar em situações de grande tensão durante uma conversa particular e ser tomado por uma pessoa insegura. Gaguejar durante uma palestra ou uma fala e com isso dar a impressão de escassa competência. Começar a tremer durante um jantar de negócios e recear que as pessoas suspeitassem de que ele estivesse a abusar do álcool – logo ele, que é abstêmio. Por isso fica inseguro ao ter de segurar uma colher de sopa ou uma xícara de café.

Em vez de concentrar-se em seu ambiente social ou em suas tarefas, Richard se observa. Ele tem medo de fracassar diante das outras pessoas. O tempo todo passam-lhe pela cabeça pensamentos do tipo: "Será que agora eu ficarei vermelho? Já comecei a tremer? Como posso não gaguejar? O que os outros pensarão de mim, se perceberem o meu nervosismo? Quem me levará a sério? O que eu poderei fazer profissionalmente, quando se descobrir que eu não estou à altura de minha nova função?"

Seu médico diagnosticou uma fobia social e lhe recomendou uma psicoterapia comportamental. Com a sua ajuda Richard aprenderá a superar o medo de fracassar, e os medicamentos receitados provisoriamente poderão lhe ajudar no início desse processo.

Manter a própria atenção voltada constantemente para si mesmo não traz segurança, e sim insegurança

Pessoas com medo de fracassar se auto-observam constantemente, quando têm de realizar alguma coisa com as outras pessoas e se questionam o tempo inteiro sobre se estão a fazer tudo certo. Não param de procurar nos outros algum sinal de desaprovação. Dão uma atenção acima da média aos próprios erros e aos indícios de fracasso.

Se nosso objetivo é procurar por um *feedback* negativo, sempre o encontraremos, já que daremos uma atenção especial às nossas pequenas fraquezas e às reações ambíguas dos outros. Sentimo-nos cada vez mais inseguros – o que não surpreende, pois afinal já não percebemos os aspectos positivos.

As pessoas que têm medo de provas e de fracassar ficam fora de si em situações que exijam desempenho. Observam e julgam constantemente seu próprio comportamento de maneira autocrítica. O termo técnico é "auto-atenção elevada". Principal objetivo: de modo algum chamar a atenção de forma desagradável – nada de ficar vermelho, transpirar ou tremer, nada de parecer "abalado psicologicamente" ou "com os nervos à flor da pele". As pessoas assoladas por esse medo duvidam de si mesmas e de suas capacidades. Quanto mais se observam, menos conseguem se comportar de maneira espontânea diante dos outros.

Ora, se estamos sempre nos observando, não nos concentramos na tarefa em si, o que prejudica o êxito na sua execução. De tanto duvidarmos de nós e de tanto nos criticarmos internamente, acabamos por aumentar nosso medo de fracassar. Colocamo-nos questionamentos do tipo: "Será que estou fazendo tudo certo?"; "como posso evitar erros?"; "o que os outros estão pensando de mim neste momento?"; "será que tudo vai correr bem se eu me comportar assim?"; "que fazer se isso não der certo?" Quanto mais importante for o êxito em uma tarefa para nós ou diante de outras pessoas, e quanto mais duvidarmos dele, porque não acreditamos em nossas capacidades, maior será o nosso medo de fracassar.

"Isso tudo é demais para mim!" – Estresse progressivo no local de trabalho

Gisela: sempre no limite

Gisela tem 34 anos e cria sozinha seus dois filhos. É enfermeira-chefe em um asilo de idosos do seu município. Há falta de pessoal, e a situação atual é crítica. É difícil encontrar funcionários qualificados. No entanto, o asilo não contrata os funcionários que seriam necessários para prestar uma boa assistência, por medida de economia.

Em seu círculo de amigos ela se queixa de uma sobrecarga constante, mas ninguém a compreende. Não obstante, é funcionária pública, ou seja, tem estabilidade no emprego. Como chefe de seu departamento tem de fazer horas extras, quando os funcionários, por motivo de doença e não raro até por esgotamento, faltam ao trabalho. As horas extras se acumulam, mas por falta de pessoal Gisela não pode deixar de cumpri-las. Ela se encontra em um beco sem saída: é pressionada por seus chefes e tem sempre de pôr em prática novas instruções burocráticas. Da mesma forma, também é pressionada pelas pessoas que têm sob seu comando – estas a avisam que o pessoal disponível em breve não dará conta do trabalho. Os familiares dos idosos, com suas demandas e exigências, também requerem muito tempo de Gisela. Além disso, tem a sensação de cada vez menos poder participar de reuniões que para ela não fazem sentido algum – em vez de poder dedicar esse tempo aos idosos do asilo.

Gisela exige muito de si: quer fazer tudo da melhor maneira. Tem cada vez mais medo de fracassar em suas tarefas. Uma solução seria renunciar à sua função de chefia – e, como todos os funcionários, voltar a fazer plantões noturnos e aos fins de semana. Mas, então, como irá cuidar dos filhos? Aliás, a sobrecarga profissional a leva a irritar-se cada vez mais com as crianças. Em razão de seu esgotamento físico e psíquico ela não tem nenhuma energia para investir em sua vida particular e não pode conhecer um parceiro novo.

Mudança de estrutura: o estresse no emprego é a regra

Um número cada vez maior de pessoas devidamente empregadas tem medo de fracassar na profissão. Transformações sociais, econômicas, sociopolíticas e empresariais alimentam este medo. A cada dia surgem novos conceitos no âmbito do contexto das mudanças empresariais, que provocam ainda mais medo nos empregados: globalização, racionalização, reestruturação, reorganização, inovações técnicas, economia, modelos de redução de custos, desativação de empresa, fusões de empresas, transferência de empresas para o Leste Europeu ou para a Ásia, terceirização, "enxugamentos", aumento da geração de valores, otimização dos processos de produção e distribuição, o *downsizing* – que é a redução de uma empresa, para torná-la mais flexível e aumentar o rendimento –, estipulação de objetivos e modelos de bonificações em função do desempenho, jornada reduzida de trabalho, planos de rescisões, redução de postos de trabalho, demissões em massa, *mobbing* etc.

O ambiente nas empresas torna-se inóspito, existem poucas alternativas para um novo emprego, a mobilidade profissional é limitada. As empresas não cumprem acordos salariais de contratos coletivos ou exigem mais empenho no trabalho – pelo mesmo salário. Muitos funcionários receiam ter de trabalhar cada vez mais por menos. Mesmo assim aceitam tudo, pois o medo de perder o emprego é maior, sobretudo nas regiões ou ramos de atividade com altos índices de desemprego. Quem vende seu trabalho muito caro coloca-se a si próprio na lista de demissões. A direção extingue os acréscimos salariais e espera que os funcionários façam horas extras gratuitamente, como gratidão por ter um emprego. Mesmo os gerentes não raro recebem, pela enorme quantidade de horas extras, apenas um valor fixo, que não cobre o tempo extra dedicado ao trabalho.

Hoje em dia as empresas quase não investem mais na formação profissional dos funcionários de ambos os sexos com mais de 40 anos. Conseqüência: o risco de não encontrar um novo emprego após uma demissão é muito superior à média. Antes de serem contratados, os novos funcionários devem continuar sua formação profissional por iniciativa própria, financiá-la com seus próprios meios e dessa maneira comprovar sua motivação para determinada atividade.

A pressão crescente do mercado de trabalho reflete-se em *slogans* bem característicos, que expressam as exigências elevadas de muitas empresas ao oferecer uma colocação para alguma de suas vagas: flexibilidade, mobilidade, disposição para aprender durante toda a vida, comedimento nas exigências salariais, horas de trabalho variáveis, o máximo de motivação, alto engajamento no trabalho. Na Alemanha, por exemplo, quem não consegue corresponder a essas exigências é excluído do mercado de trabalho, ou encontra meras pseudo-ocupações em forma de cursos ou de projetos de trabalho, subvencionados pelo ministério do trabalho daquele país.

Muitas empresas do setor privado, e também do setor público, reduzem continuamente seu quadro de funcionários e quase não contratam funcionários novos. Na melhor das hipóteses simula-se uma atitude social: "Aqui não fazemos a apologia da demissão. Reduzimos o pessoal apenas na medida em que não contratamos novos funcionários para ocupar as vagas deixadas pelos afastamentos naturais". Isto significa, no entanto, que um número cada vez menor de empregados terá de trabalhar mais, e o estresse no trabalho se tornará cada vez maior.

Um número crescente de pessoas empregadas teme fracassar profissionalmente, temendo um declínio em seu desempenho físico ou mental. Em muitas empresas os funcionários mais velhos são os primeiros a perder o emprego – porque são mais caros para a empresa. São tidos como pouco capazes de suportar uma sobrecarga de trabalho, pouco flexíveis e pouco capazes de aprender em comparação com os profissionais jovens. Antigamente as pessoas temiam perder seus empregos a partir dos 50 anos. Hoje, já a partir dos 35 ou 40 anos elas temem perder o emprego ou não encontrar mais emprego algum. As empresas dão preferência a candidatos mais jovens, mais baratos e (supostamente) melhores. Cada vez mais pessoas trabalham sem ou quase sem assistência social – como autônomas, pseudo-autônomas ou autônomas forçadas.

Pessoas portadoras de necessidades especiais têm muitas vezes chances ainda menores de conseguir um emprego. Em tempos em que o índice de desemprego é cada vez maior, mesmo para as pessoas saudáveis torna-se cada vez mais difícil conseguir uma colocação. A reintegração profissional de mães que após um tempo cuidando dos filhos desejam retornar ao trabalho também é difícil. Na maioria dos casos sua formação profissional está desatualizada.

Mobbing: aumento do estresse no ambiente de trabalho

Muitos profissionais percebem que seus colegas os isolam e rejeitam. Têm a impressão de que os colegas prefeririam se ver livres deles. Quando essas tensões no local de trabalho se dirigem de modo concreto contra uma determinada pessoa, o processo é conhecido como *mobbing*. O termo vem do inglês: *to mob* = provocar. As vítimas preferidas são pessoas que têm medo, fundado ou infundado, de não conseguir realizar seu trabalho. Deixam-se mais facilmente atacar ou excluir. Com o *mobbing*, e pelas mais diferentes razões, elas devem ser levadas definitivamente ao fracasso.

O que hoje é chamado de *mobbing* em outros tempos o foi de "terror psicológico na profissão". No *mobbing*, colegas ou superiores colocam propositadamente determinada pessoa, por um longo período de tempo, em posição inferior. Não raro, por diferentes fraquezas algumas pessoas como que se põem, sem o desejar, como vítimas do *mobbing*. O *mobbing* abrange todos os tipos de ações maldosas como falta de atenção deliberada, retenção intencional de informações, falsas insinuações, desmentidos, exclusão deliberada, humilhações, ameaças, maus-tratos ou assédio sexual. Todas essas ações têm o objetivo de sistematicamente acabar com o funcionário e colocá-lo para fora da empresa. Os pontos fracos na liderança dos chefes fornecem o meio ideal para que se estabeleça um clima de *mobbing*. Dessa maneira determinadas pessoas de um departamento recebem mais poder e influência sobre outras do que de fato lhes compete.

O *mobbing* praticado pelos superiores é denominado *bossing*. Os superiores se aproveitam com freqüência de certos subordinados para discriminar um funcionário de quem não gostam e colocá-lo para fora do departamento. Os chefes têm participação em quase metade dos casos de *mobbing*. Um dos motivos para o *bossing* é o aumento das situações de concorrência nas empresas: a pressão sobre o nível gerencial aumenta: funcionários mais antigos e mais caros devem ser demitidos sem custos altos para a empresa. É então que o *mobbing* é acionado com força total.

Hoje em dia até mesmo gerentes e funcionários de alto nível sentem-se vítimas de *mobbing*. Eles têm verdadeiro pavor de que os funcionários de seu mesmo nível, ou os subordinados, possam rejeitá-los em razão de fraquezas reais ou imaginadas. Muitos gerentes temem perder a "cadeira do chefe" caso cometam um erro logístico grave.

Vítimas de *mobbing* desenvolvem estados de angústia, depressões, distúrbios do sono, distúrbios da concentração e dores psicossomáticas, por exemplo, dores de cabeça, dores nas costas, distúrbios cardiocirculatórios ou gastrintestinais.

"Tenho de funcionar sexualmente sempre" – A sexualidade como forma de desempenho

Alfred: álcool e depressão prejudicam a vida sexual

Alfred tem 47 anos e está casado há mais de 20 com uma mulher atraente e sexualmente exigente. Ele trabalha muito e é bem-sucedido como mestre-de-obras em uma grande empresa do setor de construções. O estresse profissional produziu distúrbios de ereção ocasionais. Isto o deixou tão inseguro que ele desenvolveu expectativas angustiantes em relação a novos fracassos. Ele quer funcionar sexualmente a qualquer preço, pois acha que caso contrário ele não seria um homem de verdade. Ele entende a sexualidade como um desempenho, do qual ele tem de ser capaz a qualquer momento, não importando as causas que ele possa relacionar a um fracasso.

Há alguns anos o maior consumo de álcool e uma sintomatologia depressiva se pronunciaram e provocaram um efeito desfavorável também sobre a sua vida sexual. Alfred tende a minimizar seus problemas. Por causa do aumento do consumo de álcool, a esposa passou cada vez mais a evitar fazer sexo com ele. Mas para ele isto se deve exclusivamente ao fato de ele ter falhado sexualmente muitas vezes nos últimos tempos. Ele se sente profundamente atingido em sua masculinidade pelo comportamento da esposa. Um urologista não encontrou nenhuma necessidade de lhe receitar algum medicamento para a potência sexual, e recomendou-lhe um psiquiatra, para que tratasse seus problemas psíquicos. Só depois deveriam se seguir uma psicoterapia sexual ou uma terapia breve de casal.

Causas psicossociais do fracasso sexual

É freqüente os homens estabelecerem uma relação de dependência entre a sua auto-estima e a sua capacidade de desempenho. Os homens têm de funcionar, não devem ser fracos e não podem fracassar em momento algum. Sua educação lhes ensinou que: "menino não chora"; "homem que é homem não sente dor"; "homem tem de ser forte". O medo de um modo geral e, acima de todos, o medo de fracassar, é tido como fraqueza e, sendo assim, como algo não masculino.

As elevadas pretensões de desempenho de muitos homens mostram-se principalmente na esfera sexual. O que conta o tempo inteiro é "fazer uma boa figura". Aquele que com freqüência não costuma ter ereções sente-se um "frouxo" e um "homem incompleto". Ser sexualmente capaz e estar disposto a qualquer momento – é isto que determina a auto-imagem de muitos homens. A alta capacidade de desempenho profissional e a eficiência funcional do órgão sexual durante o sexo são tidas como os dois pilares de sustentação da masculinidade. Disso resulta que: os homens têm um grande medo de fracassar no sexo e na profissão. Um em cada três homens tem receio de não conseguir uma ereção quando for necessário. A maioria dos homens vivencia os distúrbios sexuais como um pesado fracasso.

Aqueles que sofrem desses distúrbios percebem os efeitos negativos de seus problemas sexuais sobre a sua capacidade de desempenho profissional. Sua eficiência no trabalho seria ruim, a concentração estaria levemente perturbada e haveria mais frustração no trabalho. Isto acaba por criar um círculo vicioso: a pressão de desempenho na profissão favorece os problemas de impotência, que por sua vez diminuem a produtividade no trabalho.

A disfunção erétil pode ter causas orgânicas ou psíquicas. Entre as causas orgânicas mais comuns se encontra, por exemplo, o diabetes, as doenças cardiocirculatórias, as doenças venosas, os distúrbios funcionais das glândulas endócrinas (o baixo índice de testosterona é um exemplo), o abuso do álcool e de drogas.

As mais importantes causas psicológicas são o estresse na profissão, os medos de fracasso, a auto-observação tensa e amedrontada, expectativas negativas, pensamentos distraídos, pouca excitação, falta de desejo, insegurança, problemas masculinos relacionados à auto-estima, rejeição do corpo feminino, problemas no relacionamento e doenças psíquicas, como síndrome do pânico ou depressão. Nos distúrbios sexuais uma depressão clinicamente relevante é a causa mais comum – muito mais do que os fatores físicos, o diabetes incluído.

Podemos distinguir três tipos de causas psicológicas para os distúrbios de ereção, que em casos individuais produzem um forte efeito conjunto:

- fatores que provocam efeitos diretos: medo de fracassar, conflitos com a parceira, ter a atenção desviada para os problemas;
- fatores de um passado recente: determinados acontecimentos que produzem efeitos psicológicos sobre a sexualidade masculina;
- fatores biológicos ocorridos há mais tempo: problemas não resolvidos na infância ou na juventude, como conflitos, traumas ou distúrbios de identidade masculinos.

Entre os especialistas não há um consenso sobre o percentual de incidência de causas psíquicas e físicas a influir nos distúrbios sexuais masculinos. Os psicólogos, os psicoterapeutas e os sexólogos estimam que entre 60% e 80% de todos os distúrbios de ereção tenham causas psíquicas. E os médicos diagnosticam causas orgânicas em 80% dos casos. É bem verdade que, sim, 80% dos homens com mais de 60 anos sofrem de distúrbios de ereção por causas físicas. Mas essa estimativa não pode ser generalizada a todos os homens. Em todo o caso pode-se supor que as causas psicológicas sejam mais freqüentes quanto mais jovens forem os homens. Os fatores psicológicos, sobretudo os medos relacionados a expectativas, podem com a idade fortalecer ainda mais os fatores físicos que antes se situavam em um segundo plano.

Os homens mais jovens têm mais facilidade de sofrer de distúrbios de ereção motivados por estresse, medo ou conflitos, que inibem a atividade sexual. Nos mais velhos a excitabilidade central e periférica diminui. Nas mulheres quase um quarto (24%) dos distúrbios sexuais é condicionado por fatores orgânicos, e na maioria dos casos a responsabilidade é atribuída a fatores psíquicos e sociais.

Um número cada vez maior de homens encontra-se sob uma pressão de desempenho sexual que favorece o medo de fracassar. Isso também está relacionado a mudanças na atitude e no comportamento das mulheres. As mulheres se tornaram mais conscientes e mais exigentes no que diz respeito ao sexo. Já não são seres passivos como nas décadas anteriores. Homens inseguros não conseguem lidar com isso e sentem-se colocados sob pressão.

Os distúrbios de ereção se desenvolvem com o medo de fracassar. Experiências de fracasso sexual fortalecem esse medo. Cria-se um círculo vicioso: quando um homem fracassa sexualmente, ele sente mais medo de fracassar outra vez. Em razão do medo de fracassar a excitação sexual é inibida – o que só aumenta a probabilidade de outras experiências de fracasso.

Distúrbios de ereção e ejaculação precoce exercem um efeito negativo sobre a auto-estima dos homens e sobre a qualidade de vida do casal. Para não decepcionar a parceira, os homens sexualmente inseguros se preocupam o tempo todo em evitar um possível fracasso sexual. Quanto a isso tudo seria mais fácil se eles pudessem desfrutar do lado agradável de estar fisicamente próximos.

Em vez disso há apenas estresse: independentemente de problemas orgânicos ou psíquicos, o corpo tem de estar livre e pronto para cada intercurso sexual, e a qualquer preço. Nenhum meio é caro demais – nem mesmo para os homens que não são exatamente público-alvo de nenhum medicamento para a potência sexual.

Também as mulheres querem hoje em dia – aliás, com direito e razão – ter um orgasmo em cada relação sexual. No entanto, com isso muitas vezes também colocam a si mesmas cada vez mais sob pressão. Para elas é imprescindível ter um orgasmo durante o ato sexual, muito embora ele seja impossível ou difícil para quase metade das mulheres, porque não foram suficientemente estimuladas. Elas desejam ter orgasmos múltiplos – afinal, a amiga já teve uma experiência desse tipo e gaba-se disso. São sonhos não realizáveis para muitas mulheres. Mas elas não podem renunciar a esse desejo – em comparação com as outras mulheres teriam fracassado. Em razão da pressão pelo desempenho sexual, muitas mulheres simulam um orgasmo para seus parceiros. Nos dias de hoje, tempo de (suposta) liberdade sexual, elas não desejam ser vistas como sexualmente fracassadas ou mesmo como frígidas.

Um dos motivos para os distúrbios sexuais femininos é a armadilha da perfeição. As mulheres que caem nesta armadilha desejam fazer tudo certo. Elas querem funcionar de forma perfeita como mães, parceiras, pessoas que trabalham fora, donas-de-casa e amantes apaixonadas. No entanto, de tanto estresse o desejo e a paixão ficam para trás. A necessidade de ter tudo sob controle conduz à impossibilidade de se entregarem também durante o sexo.

Outra razão continua sendo, como antes, as muito difundidas normas e ideais sociais tradicionais da feminilidade e da sexualidade feminina. Em oposição a essas normas e ideais um número cada vez maior de mulheres reivindica uma vida sexual satisfatória e um livre usufruto de sua sexualidade. No entanto, o desejo feminino continua a não ser aceito, e dessa forma muitas mulheres não só não podem expressá-lo, como também não podem permiti-lo. A mídia e os modelos pessoais iludem com uma falsa imagem e transmitem informações erradas – e o fazem de maneira parcial. A falta de conhecimento sobre o corpo feminino e sobre a própria sexualidade – também por parte do parceiro – conduzem a expectativas inalcançáveis.

2.2. Conseqüências dos medos de fracassar

Aquele que tem medo do novo ficará sempre aquém de suas possibilidades.
Ernst Ferstl

Fuga interior – Adiar, evitar, esquivar-se

Hubert: melhor adiar as provas do que não ser aprovado

Hubert, 27 anos, faz faculdade de Direito e não tem namorada. Há sete anos ele estuda Direito. Desde o início do curso ele adia muitas provas importantes. Por que age assim? Ele tem medo de fracassar nas provas. Isso já acontecia em seu tempo de escola. Já no ensino médio seu medo de provas era famoso. Porém, durante o ensino fundamental os assuntos eram menos complexos, a estrutura de classe era fixa, e as provas, uma imposição, de modo que ele não teve nenhum problema escolar.

Na universidade, pelo contrário, ninguém o impede de adiar suas provas muitas vezes. Uma conselheira da assistência psicológica aos estudantes o aconselhou a comparecer às provas previstas de qualquer jeito. Essa atitude para ele por si só seria um sucesso, independentemente do resultado da prova, e por isso mesmo um mau resultado seria uma vitória se ele conseguisse ser aprovado. Uma estratégia desse tipo, porém, torna-se-lhe cada vez menos possível quanto mais tempo e mais anos ele está na universidade. Para justificar tão longo período ele deveria apresentar um desempenho brilhante!

Acabou desenvolvendo um humor levemente depressivo. Algumas pessoas o aconselharam a dar umas saídas de seu quarto no *campus* à noite... Dar umas voltas... Poderia arranjar uma namorada. Seus pais insistem com ele para que comece a trabalhar, já que ele não consegue estudar muito bem mesmo. Ele acha as duas sugestões boas, mas acaba não as aceitando – afinal, ele precisa de tempo para estudar! Isso ele tenta, mas continua a adiar as provas. Também não quer conhecer uma moça... nem se decide a trabalhar. Sua linha de pensamento é clara: só o melhor é bom o bastante para satisfazer seus desejos.

Hubert tem cada vez mais dificuldade em concentrar-se, e isto agrava ainda mais seu problema de aprendizado. Com o agravamento da depressão acaba decidindo consultar um psiquiatra. Lá ele descobre o verdadeiro motivo para o retardamento da conclusão de seus estudos: "transtorno de personalidade obsessivo" – isto significa que ele sofre de um perfeccionismo obsessivo, fazendo sempre valer o lema "a melhor nota possível ou nenhuma outra". O médico lhe receitou medicamentos e recomendou-lhe uma psicoterapia.

Esquivar-se de tarefas importantes a longo prazo aumenta o estresse

Muitas pessoas reiteradamente se esquivam de tarefas necessárias, como forma de lidar com os seus medos de fracassar. Adiamos tudo que é possível: provas, apresentações, obrigações domésticas, decisões particulares ou profissionais. Iludimo-nos com a idéia de que, se realizarmos uma tarefa mais tarde, poderemos nos preparar para ela com mais tempo e melhor. O sucesso nos estaria assegurado. Nós nos consolamos com o pensamento: adiar é ruim, fracassar é ainda pior.

Queremos nos livrar das ameaçadoras situações de estresse antes de provas e de algum trabalho com desculpas, a bem dizer, "esfarrapadas": quando tivermos mais tempo, mais tranqüilidade, quando a situação se mostrar favorável e todas as condições forem melhores, então, e só então, poderemos assumir uma obrigação. A verdade é: apenas ganhamos um pouco de tempo, livramo-nos da pressão por um momento. Ocorre que mais tarde nós também não vamos aprender mais para uma prova, e em um prazo maior tampouco vamos nos preparar melhor para uma tarefa.

Muitas pessoas dominam com perfeição a "arte de adiar", em provas e em situações de desempenho: "mañana", como dizem os espanhóis – amanhã, amanhã, hoje não! De repente todo o resto nos é mais importante: consultas médicas, esporte, visita a parentes, tarefas domésticas.

Porém tudo tem seu preço: se adiamos provas necessárias, retardamos a nossa formação educacional – e aí nos colocamos realmente em estresse. Se não realizamos os exames funcionais indispensáveis e não freqüentamos cursos de aperfeiçoamento, teremos problemas no emprego.

É uma tragédia: muitas pessoas que têm medo de provas preparam-se no mínimo tão bem quanto os colegas, e mesmo assim não ousam realizá-las. Elas têm muito receio do deplorável fracasso.

Estudantes não raro se esquivam de seu medo de fracassar da seguinte forma:

- deixam de freqüentar as aulas alegando motivos pouco importantes, como náusea ou tontura;
- faltam durante meses e, no fim do ano, em razão das muitas horas de aula não assistidas, seu boletim não contém nenhuma nota baixa. E pensam que por isto não teriam fracassado.

No trabalho é comum encontrar os seguintes modelos de comportamento esquivo:

- muitos funcionários exageram suas queixas físicas e pedem licença médica. Como para as crianças e jovens em idade escolar, para essas pessoas antes chamar a atenção por meio de queixas físicas do que por meio de fraquezas no desempenho. Elas adiam decisões profissionais por medo de cometer um erro. Elas se ocupam de preferência de coisas pequenas e sem importância em vez de se ocuparem das tarefas mais importantes;
- inúmeras pessoas com medo de fracassar trocam voluntariamente de emprego. Elas preferem estar bem longe, antes que alguém perceba suas fraquezas de desempenho;
- outras pessoas se demitem internamente. Elas fazem apenas o necessário para não chamar a atenção de forma desagradável e evitar conflitos. Desta forma elas atenuam seu medo de fracassar, ao reduzir suas exigências de desempenho;

• o modelo mais usado para se esquivar do medo de fracassar é o de "trabalhar segundo o regulamento". Apenas cumprimos ordens e renunciamos a pensar de forma independente. Desta forma não podemos fazer nada errado e evitamos conflitos com os superiores e com os colegas. Nós fazemos o que se espera de nós – nada a mais e nada a menos.

"Quero fazer tudo certo!" – Quando o perfeccionismo vira tormento

Petra: exigências de perfeição por medo da crítica

Petra, comerciária, tem 37 anos, é casada e tem dois filhos. Quando criança, seus pais, ambos professores do ensino fundamental, estavam sempre a desencorajá-la de alguma coisa. Ela nunca correspondia às expectativas paternas. Em vez de elogios, só recebia críticas. Ouvia sempre: "Você poderia ser ainda melhor, era só você querer!" Seu problema fundamental já estava bem claro na infância: "Eu valho tanto quanto for capaz. Eu sou tão boa quanto parecer aos outros. Serei amada pelos outros apenas se for perfeita". E se esforçava cada vez mais. Pensava que seus pais a aceitariam tão logo satisfizesse às suas expectativas. No entanto, a estratégia estava errada: ela não poderia jamais ser boa o bastante – nunca tão boa quanto seus ambiciosos pais desejavam.

Tanto na escola quanto profissionalmente Petra sempre se esforçou para chegar às raias da excelência. Mesmo nos momentos de lazer ela queria ser melhor do que os outros. Ela queria, em suma, obter reconhecimento e não ouvir mais nenhuma crítica. Quando criança, era nadadora de competição e só ficava satisfeita com seu desempenho quando satisfazia às expectativas do treinador.

Depois do nascimento do primeiro filho ela engordou muito. A preocupação com a aparência a incomodou por muito tempo. Seu parceiro a amaria menos por ter engordado? Ela encontrou um "método" para deixar de ganhar peso, que no início lhe pareceu genial: após comer bastava que ela vomitasse. Em pouco tempo a sua fome deixava de ter efeito sobre a aparência de seu corpo – começou com uma bulimia, que lhe atormentou muitos anos. Petra concorria com outras mulheres para ter um belo corpo, pois temia que seu marido deixasse de sentir atração sexual por ela. Nos últimos anos sua preocupação esteve em satisfazer, e de forma perfeita, seu duplo papel de mãe e profissional – e ainda dar atenção para o marido.

Na condição de adulta, Petra já não queria mais sentir medo, como uma criança desamparada, diante das críticas alheias. Mas seus esforços para ser sempre a melhor em tudo acabaram conduzindo ao oposto do que desejava: hoje ela teme a rejeição dos outros, tanto quanto antes tinha medo de não ser aceita pelo pai ou pela mãe.

O perfeccionismo exerce um efeito contrário sobre o medo de fracassar

Um perfeccionismo acentuado pode ser causa ou conseqüência de um constante medo de fracassar. Perfeccionistas como Petra querem evitar a crítica ao não cometer nenhum erro. Desta maneira as pessoas perfeccionistas gostariam de assegurar o amor e a dedicação das pessoas que lhes são referenciais importantes. Por trás disso está a suposição – errônea – de que: “Os outros me amarão apenas se eu for perfeita” ou “se eu for perfeita, ninguém poderá me criticar”.

Muitas vezes não queremos ser perfeitos apenas em nossa formação educacional ou na profissão, mas também na vida particular. Nós temos de estar sempre muito bem “produzidos”, ter um corpo atraente, empreender viagens dignas de admiração. Queremos estar em boa forma e ser bem-sucedidos no esporte, ter filhos bem criados e ser amantes perfeitos.

Os alunos perfeccionistas de ensino fundamental, do ensino médio e também do ensino euperior, sempre esperam encontrar uma questão de prova à qual não possam responder. Eles estão convencidos de que o examinador ou professor abordará exatamente a sua lacuna de conhecimento. Com isso eles seriam desmascarados como ignorantes e incapazes. As pessoas que usam do perfeccionismo para evitar o medo de fracassar não podem se permitir nenhum lazer antes das provas. Têm de estudar o tempo todo. Não se permitem nenhuma ida ao barzinho, nenhum cinema, esporte, passeio algum. Tudo o que é agradável ou bonito é proibido. "Se eu não estudar o tempo todo, é bem capaz de não ser aprovado." A verdade, porém, é que ocorre justamente o contrário: se descansamos, criamos energias para a próxima fase intensa de estudos. Descansado após uma pausa, pode-se aprender muito mais facilmente.

Inúmeros profissionais têm medo de errar, e por este motivo controlam muitas vezes cada uma de suas tarefas – até os mínimos detalhes. Mesmo assim não ficam com a sensação de ter feito tudo certo. Tanto os empregados quanto os chefes perfeccionistas têm de executar sozinhos todas as tarefas. Não podem delegar nada nem realizar um trabalho em equipe. Não confiam nenhuma tarefa a colegas ou funcionários. Segundo a sua opinião, ninguém pode executar esta tarefa tão bem quanto eles próprios. Chefes perfeccionistas controlam seus funcionários o tempo todo. Com isto querem evitar as críticas dos clientes ou de seu superior. Elas poderiam ser atribuídas a fracassos na supervisão profissional.

Os homens com distúrbios de ereção evitam todo contato sexual quando não estão absolutamente seguros de poder ter uma relação sexual por um período suficientemente longo. Para eles é melhor decepcionar sua parceira dessa maneira.

Obsessão pelo trabalho – A profissão como uma droga

A caça ao sucesso valendo-se do medo de fracassar pode assumir proporções semelhantes às de um vício, e chega-se então a uma verdadeira "obsessão pelo trabalho". O trabalho transforma-se na base de toda a vida. A vida é orientada quase que totalmente para a profissão – 14, 16 horas por dia. O trabalho transforma-se no *hobby* preferido, no sentido único da vida. Aquele que é prisioneiro desse vício tem de poder ser contatado pelo celular o tempo todo, mesmo durante as refeições, ao dirigir, ou no banho. Os e-mails são o tempo todo consultados, nenhuma viagem profissional ou particular se faz sem o laptop. Mesmo durante as férias é necessário haver um contato com o trabalho, seja em forma de telefonemas ou da leitura de documentos na praia. A falta de distanciamento entre a profissão e a vida particular só é então reconhecida como um problema: quando os familiares, o corpo ou a mente não querem mais fazer esse jogo. Os "workaholics" possuem muitas vezes uma baixa auto-estima. Eles desejam aumentá-la através de desempenhos que se sobressaem e de comportamentos orientados para a competição. Só o trabalho lhes proporciona excitação.

As pessoas que exercem postos de liderança e as que são autônomas esquecem com grande facilidade de si mesmas e de suas necessidades. A agenda está lotada, são (supostamente) necessárias muitas horas extras. Obedecem ao princípio do desempenho total. Todos os pensamentos giram em torno do trabalho. Todos os outros aspectos da vida, por exemplo, os particulares, as amizades, o lazer e o descanso não recebem a devida importância. Com o passar do tempo resvalam diretamente da sobrecarga constante para uma Síndrome de Burnout. Na maioria dos casos essas pessoas simplesmente ignoraram os primeiros sinais de alarme de uma sobrecarga física e psíquica.

É perfeitamente normal trabalhar mais do que de costume vez por outra: se queremos construir uma carreira como funcionários ou como autônomos, se devemos financiar a construção de uma casa ou nos distrair após um falecimento ou uma separação. Porém, é incondicionalmente necessário voltar ao ritmo normal de trabalho se quisermos manter a saúde. O trabalho não deve se tornar uma droga imprescindível a longo prazo.

O desejo de comprovar-se é um estímulo legítimo para o desempenho e o motor de nossa sociedade de desempenho. Nós queremos ter a nossa vida sob controle. Procuramos ter influência sobre outras pessoas. Desta maneira conseguimos não ter de nos sentir impotentes, amedrontados e inferiores. Se, no entanto, uma elevada necessidade de desempenho se transforma em obsessão de trabalhar o tempo todo, chegaremos rapidamente a um primeiro estágio da Síndrome de Burnout causada pela sobrecarga profissional. Este perigo torna-se ainda maior quanto mais nos acharmos insubstituíveis, quisermos fazer tudo sozinhos e não pudermos delegar nada, seja profissionalmente, seja em casa, porque pensamos que nesse caso perderíamos o controle. Com isso negligenciamos nossas próprias necessidades e interesses, porque damos menos importância a nós do que aos outros.

Sempre encontramos novos motivos para trabalhar mais. Mais trabalho significa mais excitação. Nosso corpo segrega uma grande quantidade de adrenalina. Este hormônio do estresse tem um efeito estimulante, semelhante ao de certas substâncias. A "droga trabalho" desenvolve seu efeito da mesma forma que uma droga viciante: se após um breve período não aumentamos a dose, o efeito deixará de se fazer sentir. Corremos o risco de cairmos em uma depressão psíquica. Teremos de nos abastecer, e com urgência, com mais droga: ainda mais trabalho, agitação e estresse.

Encobrir o medo – Abuso de álcool e de medicamentos

Manfred: álcool e tranqüilizantes para atenuar o medo

Manfred tem 49 anos e é divorciado. Não tem filhos. É engenheiro e trabalha como executivo em uma grande empresa de tecnologia. Sua jornada de trabalho dura em média 14 horas. Dedica pouco tempo à esposa – até porque viaja constantemente para o exterior. Manfred vem de uma família humilde e chegou a gerente contando com um período de conciliação entre estudo e trabalho. Com a esposa ele pôde pelo menos compartilhar muitos valores materiais: tinham uma casa, fizeram muitas viagens a lugares distantes e levavam uma vida confortável – tudo isso bem diferente do que passara em sua infância.

Até que a empresa onde trabalhava entrou em processo de reestruturação. Apesar do desempenho excelente, Manfred sentiu medo de se tornar dispensável. Para atenuar suas preocupações e o medo ele passou a recorrer, cada vez mais, a bebidas alcoólicas e tranqüilizantes. Sentia medo de um declínio profissional, se fosse o caso de arranjar um novo emprego. Com o tempo, o abuso do álcool e de tranqüilizantes afetou seu desempenho no trabalho. Dores no estômago e nas costas foram pretextos iniciais para tal uso indiscriminado.

Seu casamento, mesmo tendo deixado o álcool e os tranqüilizantes, já não tinha solução: a esposa conhecera outro homem e pedira o divórcio. No entanto, Manfred conseguiu manter o seu cargo. Seus superiores sempre lhe garantiram a permanência no cargo, mas ele não conseguia nem queria acreditar nisso... Era o seu latente sentimento de inferioridade. A possibilidade de perder o emprego fez com que ele se sentisse ameaçado em sua auto-estima.

O uso de drogas aumenta o medo de fracassar

Muitas pessoas lançam mão de bebidas alcoólicas, estimulantes ou tranqüilizantes, cigarros ou sentem um apetite exagerado – tudo como forma de reprimir seus medos do desempenho e do fracasso. Querem encobrir o medo de não conseguir mais. Com essas drogas elas já não sentem mais tão intensamente seus temores de perder o emprego ou a posição profissional. Embriagar-se torna possível um relaxamento temporário.

Muitos funcionários já são ou correm o risco de se tornar alcoólatras, por causa de suas fobias sociais e dos medos de fracassar. Dentre as pessoas do sexo masculino o abuso do álcool é a causa mais freqüente para o abandono antecipado da profissão. O abuso de bebidas alcoólicas ou de medicamentos, porém, só faz aumentar o medo de fracassar: como conseqüência do consumo do álcool, a capacidade de desempenho se reduz de fato. Com efeito, quando as mulheres se sentem sobrecarregadas é mais freqüente procurarem um médico do que os homens. No entanto, muitas vezes elas fazem uso dos tranqüilizantes receitados por um período muito maior do que o prescrito, tornando-se dependentes deles.

As pessoas que têm medo combatem sua fadiga natural com drogas lícitas como o café e o cigarro ou com drogas ilícitas, como a *Cannabis*. Com isso elas parecem bem dispostas durante algum tempo – mas se desgastam cada vez mais. Sobretudo as pessoas mais jovens recorrem à *Cannabis* para fugir do estresse do cotidiano. Nesse mundo de aparências, construído por eles mesmos, não há medo de fracassar.

Muitas mulheres em situação de estresse querem aliviar a pressão das exigências profissionais ou familiares à força de um comportamento alimentar temporário ou duradouro. Porém, a longo prazo põem em risco sua saúde física, com uma eventual bulimia ou aumento de peso.

Quando o corpo e a mente sofrem – Distúrbios do medo, Síndrome de Burnout, depressões e distúrbios psicossomáticos

Renate: do medo à depressão

Renate, 45 anos, é casada e mãe de dois filhos. Trabalha como contadora em uma cidade grande. Faz 15 anos que ela procurou pela primeira vez um médico, movida por inúmeras queixas, para as quais não foi identificada nenhuma causa orgânica. Renate reclamava de tensão muscular. Ela tinha dores na região dos ombros e da nuca, tinha uma sensação de asfixia, um aperto no peito. Além disso, uma tontura constante e diarréia freqüente. Vivia sob uma contínua agitação interior.

Há cinco anos um psiquiatra diagnosticara um distúrbio de medo generalizado. Renate se inquietava o tempo inteiro com preocupações infundadas relacionadas a coisas cotidianas. Tinha medo de estar a negligenciar os filhos em função de sua dedicação à profissão. Seu marido poderia não receber atenção suficiente e procurar outra mulher. Poderia estar em falta com a mãe, já idosa e necessitada de cuidados, por causa de suas visitas rápidas. Por fim, um erro em seu trabalho, por um descuido qualquer, levou-a a sentir medo de não mais conseguir realizar seu trabalho extenuante. Muitas vezes sentia-se cansada e irritada.

Há dois anos, em decorrência das ocupações excessivas, ela desenvolveu uma depressão por esgotamento. Passou três semanas internada em uma clínica psiquiátrica. Por um medo constante de fracassar, ela exigiu tanto de si, que chegou a um completo colapso. Agora, uma psicoterapeuta deve ajudá-la a aprender a conviver melhor com suas dúvidas em relação a sua auto-estima e ao medo de fracassar.

Distúrbios do medo

O medo de fracassar pode se desenvolver de tal forma que dele podem advir diversos distúrbios do medo, como ataques de pânico, fobias sociais e distúrbios do medo generalizados.

Os *ataques de pânico* surgem de repente. Durante um ataque de pânico as pessoas sentem desconfortos físicos como palpitações, falta de ar, tontura, e também sintomas psíquicos, como o medo de enlouquecer. Muitas vezes essas pessoas vivenciam seus sintomas físicos como uma ameaça à sua vida, mesmo que não existam razões físicas para tanto. Do ponto de vista daqueles que sofrem de ataques de pânico, estes surgem o mais das vezes sem nenhum motivo aparente. Os ataques têm uma duração aproximada de dez a trinta minutos, e com o tempo incidem com maior freqüência. Logo se desenvolve uma grande expectativa ligada ao temor de novos ataques de pânico. A experiência da perda de controle do corpo ou da mente – ou de ambos – modifica a auto-imagem das pessoas que sofrem desses ataques: elas se sentem mais fracas e mais impotentes do que antes.

As *fobias sociais* são caracterizadas pelo medo, opressor e persistente, de ser o centro das atenções de outras pessoas. As pessoas portadoras dessas fobias temem se comportar de maneira desajeitada, ridícula ou incapaz. E seus semelhantes poderiam criticá-las ou rejeitá-las. Os fóbicos sociais evitam muitas situações sociais por medo de uma possível vergonha. Se isso não é possível, durante o contato pessoal desenvolvem sintomas desagradáveis como tensão, tremor, enrubescimento, sudorese, náuseas ou vômito, necessidade premente de urinar ou defecar. Os ataques de pânico no contexto de uma fobia social apontam para uma fobia social acentuada.

As fobias sociais prejudicam intensamente a vida escolar, profissional e social. Elas são – depois dos distúrbios depressivos e problemas com o álcool – o terceiro distúrbio psíquico mais freqüente. Ao longo da vida, um em cada dez indivíduos sofre durante muito tempo desse tipo de fobia; parte dessas pessoas abusa do álcool para atenuar o medo. Muitas pessoas, por medo de ser o centro das atenções, preferem ficar em segundo plano. Elas renunciam a uma eventual ascensão profissional, e não raro renunciam também ao contato com o sexo oposto.

As fobias sociais englobam dois aspectos: por um lado as pessoas estão convencidas de que são incapazes e, com isso, de não corresponder aos padrões de avaliação em vigor ("tenho muitos defeitos e por isso me comporto de modo constrangedor ou inaceitável"); por outro, esperam, angustiadas, ser alvo de críticas ou a rejeição por parte das outras pessoas ("os outros vão me criticar ou mesmo me rejeitar").

Os indivíduos com fobia social vêem seus defeitos como piores do que realmente são. Contam o tempo todo com o fato de que seus semelhantes poderiam observá-las de modo crítico e desvalorizá-las. Têm medo de fracassar diante das outras pessoas, porque observam a si mesmas sempre de modo crítico. Elas se colocam pretensões mais do que elevadas e exigem de si mesmas uma capacidade desmedida. Elas se sentem inferiores, e por isso temem não corresponder também às expectativas de seus semelhantes.

Os fóbicos sociais querem de toda maneira causar boa impressão às outras pessoas. Têm medo de fracassar diante dos outros, colocam a trava do gol muito alta e fracassam exatamente por causa disso, o que confirma a sua (suposta) incapacidade – um círculo vicioso que não pára de se intensificar.

Os especialistas distinguem entre uma fobia social específica e uma fobia social generalizada. Uma fobia social específica é também chamada "fobia social de tipo de desempenho". As pessoas que sofrem desse medo temem determinadas situações sociais, nas quais tenham de se apresentar diante dos outros e ser avaliadas. Elas vivenciam esse transtorno apenas em situações específicas, nas quais tenham de executar alguma coisa diante dos olhos dos outros. Em todas as outras áreas elas quase não têm problemas no convívio com os demais. As situações características em que esse medo se apresenta são, por exemplo, aquelas em que têm de falar em público, fazer provas de todo e qualquer tipo ou apresentar um trabalho. O medo as acomete quando são observadas pelos outros enquanto escrevem ou executam qualquer outra tarefa ou quando devem realizar uma apresentação esportiva ou musical. Comer e beber em companhia de outras pessoas transforma-se em um verdadeiro inferno para elas. Elas têm medo de diante de todos os olhos suas mãos começarem a tremer, de transpirar ou de corar. O que não é do conhecimento em geral e muitas vezes nem do próprio atingido por esse medo é o fato de que muitos profissionais bem-sucedidos ou pessoas em altos cargos executivos sofrem de uma fobia social específica.

Uma fobia social generalizada cada vez mais recebe o nome de "distúrbio do medo social". Os medos surgem em muitas situações sociais diferentes. Com freqüência estão relacionados à falta de capacidade para conviver com nossos semelhantes e também à auto-insegurança generalizada.

Pessoas com *distúrbio do medo generalizado* preocupam-se de forma incontrolada durante todo o tempo. Sempre temem que em seu cotidiano possa acontecer o pior e sentem-se responsáveis por tudo. Preocupam-se em demasia consigo mesmas ou com outras pessoas, muitas vezes membros da família. Transformam rapidamente coisas insignificantes em grandes catástrofes. Os cuidados excessivos devem resguardá-las do fracasso. Estão sempre angustiadamente tensas, o que na maioria das vezes se desenvolve em tensão muscular crônica. Agitação interior, estados de esgotamento, distúrbios da concentração, irritação, tonteiras, distúrbios do sono e problemas cardíacos, estomacais ou intestinais se apresentam de forma intensa. Cerca de 5% da população padece de algum distúrbio do medo generalizado ao longo de sua vida.

Síndrome de Burnout

O medo de um fracasso pessoal é muitas vezes o início de uma Síndrome de Burnout. Nós a sentimos como um esgotamento físico e mental, associado a um retraimento social. É o resultado de uma cobrança exagerada e contínua. Nós nos deixamos muitas vezes exigir em demasia por situações externas (família, profissão, ambiente social, normas sociais) ou por influências internas (idealização, engajamento social, aspirações elevadas).

A Síndrome de Burnout já foi descrita, nos anos 70 e 80, principalmente por profissionais da área social e terapêutica. Mais tarde veio a se reconhecer que todas as pessoas no exercício de uma profissão, e isto inclui as donas-de-casa, podem "fundir". Elas sofrem de Síndrome de Burnout, quando não conseguem mais manter seu empenho inicial, em razão de um esgotamento crônico. Mas muita atenção: objetivos elevados, porém alcançáveis, e um empenho acima da média em si não fazem ninguém adoecer; as causas para a Síndrome de Burnout estão muito mais nos propósitos não concretizáveis. Os diagnosticados com essa síndrome muitas vezes não levam a sério os problemas e os sinais de aviso de uma sobrecarga. Todavia, os sintomas de alarme são uma chance para corrigir o curso. Com freqüência o processo de evolução da Síndrome de Burnout é descrito como um ciclo que compreende de quatro a dez fases:

Na primeira fase estamos superentusiasmados. Quem está esgotado já esteve antes muito arrebatado por alguma atividade profissional ou familiar. Um engajamento apaixonado e um entusiasmo ardoroso, no entanto, nos obstruem a visão de nossas possibilidades e limites reais. Um empenho incansável no trabalho ou em casa e o desejo de sempre dar o melhor não permitem a percepção da própria supervalorização.

Na segunda fase sentimos os primeiros sinais de alerta. Surgem as dúvidas quanto a seu respeito ("sou bom o bastante?"; "vou conseguir?"; "devo mesmo fazer isso comigo?"), mas também os sintomas físicos e psíquicos da sobrecarga que começam a se desenvolver, como os distúrbios do sono, os problemas estomacais, dores de cabeça, problemas de concentração, irritabilidade e o início de um retraimento social. No entanto, todos os indícios de alarme são desprezados. Um desempenho ainda melhor deve compensar as fraquezas que se apresentam.

Na terceira fase a frustração e o desgaste aumentam. De início o trabalho nos trazia alegria, satisfação, auto-afirmação e sucesso – agora o vivenciamos cada vez mais como entediante e como uma experiência horrenda. Temos a sensação de que conseguimos cada vez menos, com cada vez mais energia despendida.

Na quarta fase estamos esgotados espiritual, física e mentalmente. O fogo que nos últimos tempos ainda queimava, embora com a chama reduzida, está agora completamente apagado. Com o aumento da frustração, acabamos por desistir. Afastamo-nos do convívio com outras pessoas, nos tornamos solitários e cínicos. O esgotamento físico torna-se cada vez maior. Sofremos de falta de energia, cansaço crônico e distúrbios do sono. Sentimos dores, estamos muito suscetíveis a doenças, já que o sistema imunológico de certa maneira entra em greve. Surgem doenças psicossomáticas (por exemplo, problemas de digestão ou cardiocirculatórios) e problemas psicológicos (desânimo, abatimento, desespero, sentimentos de inferioridade, depressões, síndrome do pânico, abuso do álcool ou de medicamentos). O esgotamento mental e o aumento de uma atitude negativa em relação a nós mesmos, ao trabalho e à vida se intensificam. Por fim nos tornamos incapazes de trabalhar.

As mulheres com Síndrome de Burnout com muita freqüência se deixam consumir pelos seus cuidados com os outros. Elas se preocupam demais com as outras pessoas. Com isso negligenciam a si mesmas e às suas necessidades. Têm medo de que determinadas pessoas com as quais convivem poderiam não estar bem se não lhes dedicarem tempo suficiente, atenção e energia. Elas querem provar a si mesmas e a essas pessoas que fazem todo o humanamente possível para o seu bem-estar. Não admitem de modo algum fracassar em sua assistência.

Quanto maior o medo que tivermos de fracassar para com nossos familiares ou na profissão, mais fácil será resvalar para uma Síndrome de Burnout. Sob uma pressão tão grande nos esforçamos muitas vezes ainda mais para conseguir realizar tudo, em vez de, em virtude do aumento da sobrecarga, trabalhar menos.

O risco de desenvolver uma Síndrome de Burnout é mais acentuado nas mulheres que trabalham fora de casa: elas precisam ser muitas vezes duplamente melhor do que os homens na profissão para alcançar a mesma posição e um salário igual. Se fizerem carreira, o seu medo de fracassar tende a ser maior do que o dos homens. As mulheres estão sob a pressão de ter de justificar perante a concorrência masculina aquilo que alcançaram. Em muitas famílias todo o trabalho de cuidar da casa e dos filhos continua a ser tarefa da mulher. Não combina com a auto-imagem de muitos homens auxiliar nas tarefas domésticas. Por este motivo, muitas vezes as mulheres se esforçam ainda mais em casa, para compensar o tempo fora, nas atividades profissionais. Elas têm medo de fracassar também em sua esfera particular e acabam desenvolvendo uma dupla Síndrome de Burnout, condicionada pela esfera profissional e pela particular. Não é fácil evitar o desencadeamento desse processo, pois as pessoas se julgam pessoalmente fracas e incapazes quando realizam pouco. Desenvolvemos a Síndrome de Burnout quando renegamos nossas próprias necessidades, estas que nós, de tanto medo de fracassar, já não podemos perceber. Consideramos a permanente dedicação a outras pessoas ou tarefas mais importante do que nossa necessidade de descanso, divertimento, comunicação e intimidade. Porque nos preocupamos permanentemente com os outros há pouco espaço para a preocupação saudável consigo mesmo, para os nossos próprios interesses e para o nosso lazer. O medo de fracassar ou de não ser bom o bastante domina todo o resto. E não conseguimos mais relaxar. Receamos não mais cumprir com nossa responsabilidade para com os outros. Ao mesmo tempo deixamos de ver a responsabilidade que temos pelo nosso próprio bem-estar.

Depressões

Os medos de fracassar podem conduzir a uma sobrecarga permanente e, como conseqüência, a uma depressão. Os medos de fracassar representam também um dos sintomas centrais no contexto de um episódio depressivo. As pessoas vitimadas avaliam o passado e o presente de forma negativa ("eu sei que fracassei na vida"). Sentem-se física e mentalmente desmotivadas. Elas temem continuar a fracassar no futuro ("nunca mais conseguirei realizar coisa alguma e serei um fracassado para sempre"). Com suas últimas forças procuram compensar essa experiência de fracasso ao se esforçar intensamente por um bom desempenho profissional e procuram corresponder às expectativas dos outros. Isto acelera o colapso depressivo definitivo. Além do mais, os transtornos do sono impedem a necessária recomposição da energia física e mental. Muitos estudantes, universitários ou não, empregados, atletas e artistas percebem literalmente no próprio corpo seu medo de fracassar. Eles sofrem de diferentes distúrbios psicossomáticos. Os medos de fracassar e o estresse crônico podem deflagrar ou intensificar dores de cabeça causadas pela tensão, enxaquecas, tonturas, distúrbios estomacais e intestinais, doenças cardiocirculatórias, dores nas costas, doenças de pele e muitos outros sintomas físicos.

Crianças que apresentam medo de provas e de fracassar sentem náuseas, têm dores de estômago, dores de cabeça ou febre. Muitos adultos consultam um médico depois do outro, e levam a eles suas queixas físicas. Porém nenhum exame médico conduz a um diagnóstico orgânico. As pessoas atingidas pelo medo de fracassar têm, não raro, dificuldade de reconhecer aquilo que para os outros é óbvio: trata-se de sintomas vegetativos, hoje chamados de "somatoformes", relacionados a exigências familiares ou profissionais exageradas.

3
Conselhos: Como superar o medo de fracassar

Não basta saber, também é preciso aplicar aquilo que se sabe. Não basta querer, também é preciso fazer.
Johann Wolfgang von Goethe

3.1. Aprenda a conhecer seus medos de fracassar

Não precisamos ter medo de nada na vida, se compreendemos o nosso medo.
Marie Curie

1) Os medos de fracassar surgem em sua mente. Seja sincero: você espera de si mesmo o pior desempenho? Você sempre teme o pior? Os medos de fracassar são a conseqüência de suas expectativas negativas e temores irracionais. No entanto, você pode superar seus medos de desempenho em dois passos:
Aprenda a conhecer seus medos de fracassar. Analise os medos e registre suas análises e descobertas em um "diário do medo". Muitas vezes nós já nos sentimos aliviados quando podemos formular com palavras nossos pensamentos obscuros, sentimentos confusos e estados físicos incômodos. Hipócrates já sabia que "aquilo que pode ser expresso em palavras já foi superado".

2) Exercite uma maneira de conviver melhor com seu medo. Você poderá se tornar capaz de um melhor desempenho se superar o medo de fracassar. Registre seus progressos em seu diário do medo. Isto motivará você na luta contra

os seus medos. Elogie e recompense a si mesmo pelas suas ações e pelos êxitos.

Seus medos de fracassar sob as lentes do microscópio

Faça uma imagem exata de seus medos de fracassar ao responder por escrito as seguintes perguntas:

- Em quais atividades você sente um medo maior de fracassar?
- O que receia em sua formação profissional, na profissão ou no contato com outras pessoas?
- Em que área da vida se sente mais pressionado?
- Qual o fracasso que mais teme? Qual o segundo fracasso mais temido? (e assim por diante)
- De que maneira você se põe constantemente sob pressão para realizar alguma coisa? Por exemplo, sempre faz horas extras? Ou você renuncia muitas vezes às suas horas de lazer?
- De que forma você é incomodado pelos seus medos de fracassar? Com que intensidade se sente prejudicado?
- Quais as situações de sua vida particular, profissional ou de convívio social que você evita em razão de seus medos de fracassar?
- Como você avalia a possibilidade de fracassar de fato em determinadas áreas?
- Quais de seus medos de fracassar são justificáveis? Quais desses medos são provavelmente receios exagerados?
- Em que momentos os medos se apresentam?
- O que os intensifica? O que os enfraquece?
- Quais as exceções: quando e em quais situações você não sente medo de fracassar?

Causas e conseqüências do medo de fracassar

Procure descobrir de onde vêm seus medos de fracassar e quais as conseqüências sobre a sua vida:

- Que causas mais profundas você pode apontar para seus medos de fracasso?
- O que provoca seus medos de fracassar com mais freqüência?
- Que padrões de pensamento fundamentam seus medos de fracasso?
- Como você desenvolveu seus medos de fracasso?
- Por que deseja a qualquer preço evitar erros e fracassos?
- Quais as suas experiências anteriores em provas e outros tipos de desempenho?
- Você ocupou um lugar de destaque em sua família ou na escola em razão de desempenhos excepcionalmente bons?
- Como seus pais e professores lidaram com seus maus resultados? Como você reagiu a esses maus resultados?
- Que ensinamentos foram dados e expressões empregadas por seus pais em relação ao seu desempenho? Quais deles permaneceram especialmente em sua memória?
- Em sua infância e juventude seus pais reconheceram você como pessoa, sem que isso dependesse de seus desempenhos?
- Sabe qual o caminho para conseguir atualmente (mais) atenção e reconhecimento das outras pessoas além de mostrar melhor desempenho?
- Que valor você dá aos seus próprios desejos e necessidades em comparação com os desejos e necessidades de seus familiares e seus colegas?
- Em que medida você se sente responsável por seus semelhantes?
- Você tem medo de fracassar em seus cuidados com os outros?
- Qual a sua tática evasiva preferida para enfrentar as exigências de desempenho?
- Quais os pensamentos e as idéias negativas que você tem com mais freqüência enquanto se prepara para uma

prova ou para algum outro tipo de tarefa que envolva desempenho?

• Quão negativas têm sido as conseqüências de seus medos de fracassar até o momento?

• Quais as conseqüências em seus contatos profissionais e sociais de você sempre realizar somente aquilo que o faz ser estimado pelos outros?

• O que será melhor quando tiver superado seus medos do fracasso?

Quais são seus parâmetros ou critérios para uma auto-avaliação?

Verifique seu critério de valor em relação ao seu desempenho:

• Que importância você dá aos seus bons desempenhos?

• Em que medida acha ruim seus fracassos em provas e em outras atuações?

• Relaciona sua auto-estima principalmente aos seus bons desempenhos?

• Com que intensidade sua autoconfiança depende da comparação com outras pessoas?

• A que preço você evita determinadas situações por medo de falhar ao defrontar-se com elas?

• Que objetivos você tem de alcançar em sua profissão e em sua vida particular para se sentir bem-sucedido?

• De que símbolos de *status* você precisa para ter autoconfiança e prestígio social ante as outras pessoas?

Agora, por meio dessa análise abrangente, é provável que você entenda melhor do que antes seus padrões de pensamento e seu estado emocional. Em virtude de suas descobertas você se tornará consciente de si, de suas fraquezas e também de suas capacidades.

3.2. Vença seus medos de fracassar em 20 passos

Aquele que examina a ação no pensamento, o pensamento na ação e faz disso uma lei, este não pode errar; e se errar, voltará ao caminho certo a partir do erro.

Johann Wolfgang von Goethe

Este guia ajudará você a lidar de maneira construtiva com seus medos de desempenho. Seu objetivo não é nem poderia ser o de mudar a sua personalidade ou trabalhar conflitos mais profundos. Os medos do fracasso podem determinar seu comportamento de tal modo, que podem trazer prejuízos consideráveis a sua vida. Neste caso você deve recorrer a um auxílio psicoterapêutico ou a uma terapia clínico-psicológica.

Você deseja considerar seus problemas de uma perspectiva nova? Está curioso para conhecer estratégias que o conduzam à superação de seus medos do fracasso? Está aberto para novos caminhos e motivado a segui-los? Então este guia é exatamente o que você precisa. Se consegue vencer seus medos do fracasso de forma bem-sucedida, você eleva sua capacidade de desempenho. Você aumenta seus êxitos e pode como que saboreá-los melhor. Você será mais estimado pelos seus semelhantes, terá mais influência sobre as outras pessoas.

O seu medo pode motivar você. Use a energia de seu medo para promover modificações práticas. Você pode vencer o medo ao aumentar seu espaço de ação. Quando seu medo já não o paralisar, você poderá novamente almejar objetivos realistas e melhorar sua situação de vida.

Em todas as situações de desempenho existem três fases. Cada uma das fases requer estratégias diferentes:

1) *Fase da preparação*. Verifique sua motivação para determinadas tarefas. Decida-se de forma consciente por uma delas. Evite tendências internas de fuga. Coloque-se na situação de desempenho em questão. Na medida do possível, imagine a seqüência de acontecimentos de maneira clara e realista. Imagine um final bem-sucedido para a situação. Que problemas e dificuldades você espera encontrar? De-

senvolva diversos cenários e estratégias de solução para as tarefas mais difíceis. Desta maneira você estará bem preparado para os diferentes desdobramentos que a situação pode apresentar. Aprenda, exercite e treine adequadamente aquilo que poderá utilizar com sucesso na situação real.

2) *Fase da ação*. Na ação da situação de desempenho em questão concentre-se totalmente no que você faz. Não se auto-observe durante todo o tempo. Deixe de fazer avaliações de sua própria pessoa e de seu comportamento. Permaneça no aqui e agora. Atente tão-só à situação. Não pense em nada mais (passado, futuro, outras pessoas, sentimentos desagradáveis, sensações físicas), pois se o fizer seu comportamento deixará de ser espontâneo. Evite todos os pensamentos não apropriados e idéias que lhe possam ser um desincentivo.

3) *Fase da reflexão*. Analise e avalie seu comportamento somente quando concluir a atividade. As descobertas que fizer a partir daí o ajudarão a otimizar as situações vindouras. Não se deixe fixar de modo algum em seus erros e insucessos.

Os medos de provas, de falar, de atuar, de se apresentar, os medos de fracassar na vida profissional, na vida familiar e na vida sexual, além dos medos de contato e de relacionamento têm algo em comum: o medo de fracassar.

Cada êxito significa, em um momento determinado, definido anteriormente com toda exatidão, realizar o melhor desempenho possível, seja este uma prova, uma competição ou uma estréia. Sob o medo de fracassar tememos não ter condições de realizar um desempenho, não obstante nosso conhecimento e capacidade.

A mensagem deste livro é: seu medo de fracassar é superável! Em vinte passos você pode aprender a vencer os seus medos de fracassar. Percorra todos os passos em seqüência e observe quais destes passos têm um significado especial para você.

1) *Querer em lugar de ter de – como você pode se motivar da maneira certa*

Motive-se através de objetivos que lhe sejam atraentes! Não se deixe obrigar por necessidades exteriores ao respectivo desempenho.

2) *Agir voltado para o sucesso – espere o sucesso em vez de temer o fracasso*

Aspire ao sucesso – em vez de em primeiro lugar querer evitar o fracasso.

3) *Estabelecer objetivos realistas – os degraus que conduzem ao êxito*

Proponha-se objetivos realistas, passíveis de ser alcançados. Com objetivos irrealistas você se faz responsável direto pelo seu fracasso.

4) *Elaborar objetivos positivos – mentalizar desejos claros*

Não se coloque nenhum objetivo negativamente elaborado, nos quais se trata apenas de evitar um insucesso. Elabore positivamente seus objetivos.

5) *Visualize o sucesso – treinamento mental ao modo do que se tem no atletismo*

Imagine que você obteve sucesso – em vez de aterrorizar a si mesmo com visões assustadoras

6) *Viver o aqui e agora – ater-se ao momento*

Renuncie a pensamentos negativos no passado ou no futuro. Viva o aqui e agora.

7) *Concentrar-se na tarefa – ignorar fatores perturbadores*

Não fique o tempo todo prestando atenção em seus semelhantes ou nas reações de seu próprio corpo. Concentre-se intensamente na tarefa atual.

8) *Aprendizagem e treino – êxito por meio de um programa de exercícios*

Evite simples declarações de intenção e ações descoordenadas. Aprenda ou treine de forma objetiva.

9) *Lembre-se de seus sucessos e não seus fracassos – nada o pode fazer mais bem-sucedido do que o sucesso*

Fixar-se nos insucessos não ajuda a seguir adiante. Lembre, passe em revista seus sucessos.

10) *Tolere o medo de fracassar e os insucessos – você pode aprender com os erros*

Não receie constantemente os erros. Aceite o fato de que você tem medo de fracassar e de que, como qualquer pessoa, comete erros.

11) *Fortaleça sua auto-estima – a chave para o sucesso*

Não se desvalorize o tempo todo. Acredite em si mesmo e em suas capacidades.

12) *Pró-ativo em vez de permanecer no papel de vítima – aja em vez de lamentar-se*

Modele a sua vida, em vez de se sentir como vítima das circunstâncias.

13) *Solilóquios construtivos – encorajar a si mesmo*

Não se repreenda, e sim fale positivamente consigo mesmo.

14) *Do confronto à comunicação – diálogo construtivo com o medo*

Confronte-se com seus medos do fracasso e com seus sintomas físicos. Não fuja constantemente de todos os incômodos.

15) *Seja você mesmo em vez de representar um papel – comporte-se de maneira espontânea e verdadeira*

Não represente para os outros nenhum papel que não seja real. Apresente-se de forma autêntica e digna de crédito.

16) *Alterne estresse e repouso – e a sua capacidade de desempenho persistirá*

Fases de descanso são importantes. Com o trabalho ininterrupto você apenas acaba com suas forças.

17) *Relaxamento físico – aprenda técnicas de efeito rápido*

Uma tensão constante não é saudável. Dê atenção ao relaxamento de seu corpo.

18) *Renuncie às exigências muito elevadas – previna-se contra a Síndrome de Burnout*

Não se coloque nenhuma exigência muito elevada. Senão, por causa da sobrecarga, você está arriscado a ser vítima da Síndrome de Burnout.

19) *Livre-se do excesso de responsabilidade – egoísmo saudável em vez de síndrome do bom samaritano*

Você não é responsável por tudo! Pense também em você.

20) *Melhore suas habilidades sociais – apresente-se de forma adequada*

É possível aprender a apresentar-se com auto-segurança. Não se venda abaixo de seu valor.

Passo 1: Querer em vez de "ter de" – Como se motivar da maneira certa

Razões fortes produzem ações fortes.
William Shakespeare

Você consegue mais se tem um motivo forte para a ação. Desenvolva motivação estimulante ("quero realizar alguma coisa", "ficarei contente quando alcançar este objetivo") em vez de uma motivação pressionante ("tenho de começar a fazer alguma coisa", "eu deveria finalmente fazer algo para que as coisas não fiquem ainda piores"). Alcançar o êxito lhe será muito mais fácil se você quiser alguma coisa – em vez de ter a obrigação de fazê-la.

Você pode motivar-se de duas maneiras – Motivação pressionante e motivação estimulante

É provável que você já tenha experimentado estas duas formas de motivação: nós fazemos uma coisa porque estamos convencidos da necessidade de fazê-la; outras coisas nós executamos, porque sentimos uma pressão interior ou porque precisamos nos curvar às necessidades exteriores. Em geral distinguimos duas espécies de motivação:

1) *Motivação pressionante*. Tornamo-nos ativos, porque sentimos uma pressão desagradável. Seu princípio é: "tenho de fazer algo, senão a coisa ainda vai acabar mal". O medo

de fracassar pode ser entendido como desagradável motivação pressionante: temos de, enfim, reagir e concluir tarefas necessárias ("tenho de estudar um pouco, senão serei reprovado na prova"). Queremos evitar conseqüências desagradáveis. Uma motivação pressionante desse tipo pode, no início, até nos motivar a mudanças. No entanto, esse sentimento gera falta de entusiasmo e aumenta em quase nada nossa alegria de estudar ou de treinar. Na verdade, deveríamos com o tempo tentar nos motivar por meio de objetivos positivos.

2) *Motivação estimulante*. Objetivos atraentes nos motivam: "quero fazer algo, porque desejo, com todas as minhas forças, alcançar determinado objetivo". Pessoas com expectativas de êxito motivam-se dessa maneira. Com uma motivação estimulante transformamos nossos planos em realidade de modo muito mais fácil. Em correspondência, nossos objetivos nos parecem atraentes. Com perspectivas realistas de sucesso nos instigamos à ação, muito embora talvez tenhamos, ao mesmo tempo, medo de fracassar.

Algumas vezes nos esforçamos por alcançar um objetivo pelo objetivo em si, outras vezes pelas conseqüências positivas esperadas. Por isso, podemos distinguir mais uma vez duas espécies de motivação:

1) *Motivação extrínseca*. Deixamo-nos estimular para determinada ação por estímulos externos. Entre estes contam os elogios, as recompensas ou os aumentos de salário. Se nos deixamos animar para executar alguma coisa, fazendo-o apenas por estímulos exteriores, é porque nossas atividades são, em sua maioria, de curta duração. Se surgem problemas, resignamo-nos muito rápido, falta a disposição necessária. Uma motivação pressionante reproduz uma motivação extrínseca: acima de tudo queremos evitar a crítica e os prejuízos.

2) *Motivação intrínseca*: para alcançar nossos objetivos, deixamo-nos instigar por estímulos internos. As decepções e os insucessos não são capazes de nos demover. A razão para

isto é que somos motivados com base em nós mesmos. Nossa expectativa de êxito é mais forte do que o nosso receio do insucesso. Descrevemos uma motivação estimulante como uma motivação intrínseca de desempenho. Estamos interessados na coisa em si e nos alegramos com ela. Apresentamo-nos os melhores desempenhos quando nos dedicamos a uma atividade, por ela mesma – e não pela recompensa que outras pessoas nos tenham prometido. Podemos alcançar desempenhos excelentes quando nos divertimos e temos alegria ao realizar alguma coisa – isto porque estamos intrinsecamente motivados, valendo-nos de nós mesmos.

Como aumentar a motivação

Você pensa muito mais naquilo que deseja evitar? E menos no que gostaria de obter? Os objetivos evasivos são desencorajantes. Os objetivos através dos quais você aspira alcançar uma situação desejada elevam a motivação e a disposição para agir. Algumas vezes você se deixa impelir para a prática de uma ação pelo medo do insucesso ou dos prejuízos? Reflita: com o tempo, o medo de fracassar não irá motivá-lo o bastante para alcançar desempenhos elevados. O medo pode obrigá-lo a fazer algo. Mas só os objetivos positivos vão estimulá-lo aos melhores desempenhos possíveis.

Motive-se principalmente por seus valores interiores. Tenha em mente seus objetivos e ideais. Aja em função da intenção da coisa em si, e não em função de alguma vantagem. A satisfação interior deve lhe ser mais importante do que as recompensas e os elogios que vêm de fora.

Com certeza você já sabe disso com base em suas próprias experiências de vida: quanto mais atraentes forem seus objetivos, mais motivado você se sentirá. Imagine: o que você fará e vivenciará quando tiver superado seus medos do fracasso? Você aumenta a força de atração dos objetivos quando estes não são postos em um futuro muito distante. Procure estabelecer objetivos realizáveis nos próximos tempos. Assim você terá, e rapidamente, bons resultados. Resultados positivos incentivam a autoconfiança. Desta forma será mais fácil esperar por outros sucessos. Imponha para si objetivos menores e mais modestos do que você talvez preferisse. Objetivos muito elevados só vão desincentivá-lo ainda mais.

Sua motivação não raro perde intensidade com o decorrer do tempo? Pense no sentido e no objetivo das tarefas futuras antes de iniciá-las. Você continua a achar que seus objetivos originais fazem sentido e são estimulantes? Em caso de necessidade, modifique seus objetivos, quando estes perderem a força de atração. Quais os custos e os esforços a que você deseja recorrer para se dedicar a determinada tarefa? Conscientize-se do êxito de seus esforços, assim será mais fácil suportar todas as pressões. A relação entre os esforços e os resultados é aceitável? Quando seu empenho já não vale mais a pena? Admita para si mesmo, com toda a sinceridade: se você age apenas por medo de fracassar, não está disposto a pagar qualquer preço.

Diante de tarefas futuras você se sente facilmente pressionado, de tal forma que seu entusiasmo diminui? Tenha em mente que você é uma pessoa livre e autônoma. Já basta para tornar uma situação de desempenho mais suportável. Ninguém pode obrigá-lo a alguma coisa – não, se você não quiser. Você não tem de se apresentar para uma prova. Você não tem de aceitar o novo emprego, com todas aquelas exigências que ele impõe. Você não tem obrigação de assumir tarefas voluntárias em suas horas de lazer.

Você é livre para decidir se quer ou não alcançar determinado objetivo. Pode se colocar este desafio, se *quiser*. Para isso você paga com suores frios de medo. Ou pode recuar e tornar as coisas mais cômodas, sem estresse. Pode ir ou manter distância. Pode tomar parte ou cancelar. Tome uma decisão clara! Não diga sempre: "Eu até deveria – mas agora eu não quero".

Como lidar melhor com as suas dúvidas interiores

Você muitas vezes reflete durante muito tempo, antes de fazer alguma coisa? Pondera muito? Melhor fazer o seguinte: pense nas vantagens e nas desvantagens que uma decisão pode lhe trazer. Examine seus objetivos. Pergunte-se: quer tomar parte em um evento de livre e espontânea vontade? Ou tem de ir? Motive a si mesmo para o sucesso, ao pensar em seus objetivos! Quando tiver tomado uma decisão, diga a si mesmo: "Eu vou fazer esta prova agora!" ou "eu vou participar deste evento!" Dessa maneira você sentirá menos medo diante da tarefa. Se, ao contrário, você disser a si mesmo: "Tenho de fazer esta prova detestável de uma vez por todas!" ou "eu não sinto a menor vontade de me apresentar neste evento!" Então você se sentirá menos forte e com pouca energia. Ninguém gosta de ser pressionado a fazer alguma coisa. Nenhum de nós quer ser obrigado a realizar alguma coisa. Em situações como essas nos sentimos como crianças pequenas, que sempre devem fazer o que os adultos esperam. Se você tiver realmente a obrigação de realizar alguma atividade, não se queixe disso. Aceite e faça o melhor possível. Se ficar se lamentando o tempo todo, isso não lhe trará nenhum benefício.

Você pode lidar com as tarefas que estão por vir de três maneiras:

1) Realiza uma tarefa com prazer. Então você faz tudo para aumentar a alegria antecipada que sente pela tarefa. Com isso, vivencia sua atividade como agradável e positiva.

2) Não gostaria de aceitar uma tarefa. No entanto, admite que deveria aceitá-la. Decide-se a realizá-la, porque há motivos para isso – mas sem por isso se deixar entusiasmar muito por ela.

3) Você não quer realizar uma atividade de jeito nenhum. Não a acha necessária. E se pergunta por que justo você tem de realizá-la. E acha a exigência incabível e a rejeita.

Se você está diante de decisões difíceis, o exercício a seguir pode ajudá-lo. Imagine que você esteja dividido em duas partes: uma parte "eu quero" e uma parte "eu não quero." Estabeleça entre essas duas partes um diálogo frutífero, que conduza ao objetivo. O objetivo é: tomar uma decisão livre, como condiz a uma pessoa adulta. Diga claramente "sim" ou "não" a determinadas tarefas. Não se sinta constantemente obrigado a alguma coisa. Esses sentimentos com o tempo apenas vão deixá-lo sem vontade. Eles destroem sua alegria de viver.

Passo 2: Agir voltado para o sucesso – Desejar o sucesso em vez de temer o fracasso

Só tem sucesso aquele que faz alguma coisa, enquanto espera pelo êxito.
Thomas Alva Edison

Deseje o sucesso ao fazer algo, e comporte-se segundo esse desejo. Isso traz muito mais do que temer constantemente o insucesso. Não procure simplesmente apenas evitar os insucessos. É sempre possível fracassar – concentre-se muito mais no sucesso mais provável.

Preste atenção às chamadas profecias auto-realizáveis

Você se surpreende com o fato de que suas profecias negativas se cumprem com mais freqüência do que as positivas? Existe uma explicação simples: você acredita muito mais no mal do que no bem. Primeiro você pensa de forma pessimista: "Isto com certeza não vai dar certo". O insucesso então logo se transforma em uma triste certeza: "Eu já sabia!"

Durante a vida nós desenvolvemos determinadas atitudes de expectativa. Nossas esperanças e temores se realizam então, de fato, com freqüência. Por quê? Porque nós nos comportamos de acordo com essas esperanças e temores. É a chamada "profecia auto-realizável". Na maioria das vezes usamos esse conceito em seu sentido negativo. Ele remete, no entanto, a uma relação fundamental entre as nossas expectativas e os resultados.

Previsões positivas se expressam no ditado "a fé move montanhas". Na medicina o "efeito placebo" é conhecido: acreditamos no efeito de um medicamento porque confiamos no médico e desejamos alívio.

Se você espera fracassos e decepções, comporta-se – sem ter a intenção – de tal maneira que acontece aquilo que tanto espera. Se você teme não conseguir alguma coisa, favorece o fracasso. Não dá tudo de si para atingir seus objetivos. O sucesso, de qualquer maneira, não lhe parece provável.

Provável é que muitas vezes você tenha medo de que as outras pessoas o critiquem ou que até mesmo o rejeitem. O que você faz? Você se apresenta aos outros de forma distanciada e por isso dá a impressão de ser uma pessoa arrogante. Você se comporta de uma maneira que o faz realmente ser criticado. Será então de estranhar que as outras pessoas reajam tão distanciadas quanto você mesmo? Você espera uma assistência crítica durante uma palestra? Então você está constantemente com medo e se sente tenso. No entanto, poderia receber muitos aplausos. Mas absolutamente não pensa que isso poderia acontecer.

Você pode interromper com facilidade este círculo vicioso de expectativas negativas e de resultados arrasadores: modifique seus pensamentos e seu comportamento. Verifique primeiro seus pensamentos negativos: de onde vem essa maneira pessimista de ver as coisas? O que os enraizou dessa maneira? Qual a possibilidade real de você fracassar? Quais os argumentos a favor e quais os contrários a essa possibilidade? Outras pessoas em situação semelhante estimam suas perspectivas de sucesso da mesma maneira que você? Por que os outros são mais otimistas do que você? Seria mesmo tão ruim fracassar? Use suas respostas para transformar objetivamente o seu comportamento em uma atitude positiva.

Você muitas vezes não consegue aceitar algo que é claramente compreensível pela razão? Ora, tranqüilize-se: isso é completamente normal. Muitas pessoas acreditam, com seu intelecto, no êxito de seus esforços, e ao mesmo tempo se deixam confundir pelas suas emoções. Esta é a essência do medo irracional: ele se desenvolve em oposição a qualquer bom senso.

Você gostaria de ser otimista, mas vê sempre perigos e problemas? Aprenda a suportar melhor seus conflitos internos. Não passe simplesmente por cima de seus sentimentos de insegurança. Aceite-os: o fracasso é possível e próprio do ser humano. Não lute com todas as forças contra um possível fracasso. É melhor esforçar-se pelo sucesso. As experiências positivas fortalecem sua confiança e sua capacidade de saber lidar com situações que provoquem medo. Ante certa margem de risco você pode dizer a si mesmo: "eu faço aquilo que posso. Eu dou o melhor de mim. Tudo o mais será visto depois. É possível que surjam acontecimentos inesperados. Vou superá-los da melhor maneira possível. Meu futuro pode ser incerto, mas eu posso influenciá-lo".

Seus êxitos surgem primeiro em sua mente

Em situações de desempenho nós oscilamos entre dois pólos: "a esperança do sucesso" e "o medo do fracasso". Essas atitudes fundamentais determinam nossa motivação para realizar alguma coisa e nossa estimulação mental, emocional e física. Se tememos o fracasso, desenvolvemos com muita facilidade medos do fracasso – e por medo de fracassar, um comportamento evasivo, que tem como objetivo escapar do fracasso hipotético.

Que aspectos de seu comportamento você acredita ser possível mudar com mais facilidade? Seus pensamentos, seus sentimentos, seu comportamento visível ou seus padrões de reações físicas? A resposta é: seus padrões de pensamento. Não é difícil examinar uma coisa de outra perspectiva e adotar outro ponto de vista. Reconheçamos: muitas atitudes se fixaram ao longo dos anos, porém são bem mais fáceis de modificar do que alguns modos de comportamento especialmente entranhados.

Apesar de mudanças positivas em seu modo de pensar e em seu comportamento, no início seus sentimentos não vão querer acompanhar o processo. Somente um pouco mais tarde seus sentimentos se adaptarão à nova situação: quando você tiver descoberto que determinadas situações não são tão ameaçadoras quanto você pensava.

Seu estado físico só se deixará modificar lentamente. Tensões musculares crônicas, palpitações, falta de ar, náuseas ou sudorese não desaparecem de um dia para o outro. Com base na razão você pode acreditar já há muito tempo no sucesso. No entanto, seu corpo ainda se lembra de suas expectativas tensas e angustiadas.

Resumo: não tome decisões importantes, segundo o seu estado físico. Não se deixe determinar pelas suas emoções momentâneas. Antes de mais nada, alegre-se por ter modificado com sucesso seus pensamentos e sua maneira de se comportar. Seus sentimentos e suas sensações físicas acompanharão, mais tarde, esse mesmo processo.

Pense de forma realista e não de maneira superpositiva

Você confunde facilmente sua esperança de sucesso com pensamentos positivos? Se você pensa durante todo o tempo de forma negativa ("com certeza não vai dar certo!"), um pensamento positivo ingênuo ("tudo vai correr superbem") também não é a solução. Você deve pensar de forma realista ("eu posso solucionar os problemas, contanto que me esforce!"). Pensamentos positivos demais excluem a possibilidade de fracasso. Com isso você não se prepara para problemas e perigos. Não deixe de dar atenção e não subestime dificuldades previsíveis ao agir de forma excessivamente positiva. Leve em consideração prováveis obstáculos em seus preparativos.

Muitas vezes ouvimos frases espertas do tipo "não se preocupe, viva"; "você pode, basta querer"; "se você acreditar, conseguirá realizar tudo aquilo que se propor"; "todos os problemas têm solução, se os colocarmos da maneira correta"; "aquilo que a gente puder imaginar também pode ser transformado em ação". Esses chavões em muitos casos não são construtivos. Têm muito mais um efeito deprimente e são até mesmo perigosos, pois conduzem a uma conclusão inversa: "cada um é o próprio culpado pela sua infelicidade"; "quem não consegue realizar alguma coisa fez algo de errado"; "quem não alcança seus objetivos não pensou positivamente o bastante, não se esforçou". Pacientes depressivos podem sentir-se psicologicamente ainda piores; pois eles, em todo caso, já pensam: "Eu sou o culpado por tudo!"

Nossos êxitos possuem limites pessoais, sociais ou econômicos. Quem se puser a ultrapassar seus limites pode acabar sendo verdadeiramente malsucedido. Não atribua a nenhum de seus problemas, na tentativa de negá-los, uma interpretação positiva – isto poderia transformá-los em grandes problemas.

O otimismo saudável tem um grande papel para o seu bem-estar psicológico. Porém esse otimismo é um pouco diferente daquelas idéias que os livros sobre pensamento positivo erroneamente nos transmitem. Esse tipo de literatura pode até confortar muitas pessoas em tempos difíceis, mas ela como que nos seduz, fazendo-nos não levar suficientemente a sério problemas reais e sentimentos "negativos". Pensamentos positivos, nos quais tudo é uma maravilha, transformam-se rapidamente em frívolos pensamentos de harmonia. Com eles apenas varremos os conflitos para debaixo do tapete. Relativizamos o sofrimento segundo o lema: "Poderia ser pior..." Nem tudo é bom, e na vida nem tudo também será bom. Se virmos a vida todo o tempo cor-de-rosa, minimizamos sentimentos como o medo, a tristeza, a decepção, a raiva ou a dor. Isso não ajuda nem um pouco a superar esses sentimentos. Pelo contrário, devemos admitir os sentimentos existentes, para trabalhá-los de forma construtiva. Dessa forma podemos aprender a lidar melhor com dificuldades, no presente e no futuro.

Seja otimista de uma forma realista para resolver seus problemas. Pensar de maneira positiva só lhe ajudará se, correspondentemente, você também se comportar de maneira positiva. Se não for assim, nada mudará em sua vida. Limitar-se a pensar de modo positivo é tanto mais prejudicial quanto menores forem os diferentes limites a serem vencidos por uma pessoa. Esses limites são determinados pela nossa personalidade ou pelas dimensões de nosso distúrbio físico ou psíquico. Da mesma forma, a miséria de nossa situação econômica nos coloca limites, como também a nossa formação escolar e profissional ou os golpes do destino que vivenciamos.

De que modo suas expectativas de futuro e seus objetivos se relacionam

Você vê alguma relação entre suas expectativas de êxito ou de fracasso e seus objetivos? Se você espera pelo sucesso, provavelmente age certo diante de novas tarefas: escolhe primeiro tarefas que tenham um grau de dificuldade mediano. Se receia o insucesso e o fracasso, muito provavelmente escolhe tarefas muito fáceis ou muito difíceis. E desiste então diante de dificuldades muito mais rápido do que as pessoas voltadas para o sucesso. Escolha antes objetivos realistas, que correspondam às suas capacidades – que não exijam em demasia, ou que exijam pouco de você.

O mesmo se aplica aos funcionários em idade mais avançada. Se você é um deles, continue a ver nos desafios suas chances de êxito. Não se deixe paralisar pela perspectiva de fracasso. No entanto, adapte suas pretensões à situação atual. Aprenda a lidar melhor com a redução de sua capacidade de desempenho mental e física. Não faz sentido rivalizar o tempo todo com colegas mais jovens e mais bem treinados. Não vai levá-lo adiante ficar lembrando sempre do quanto você era bom. Use as capacidades de que dispõe agora! Essas capacidades também são conhecidas pelos seus superiores? Que importância a sua experiência profissional de longos anos tem para a empresa? Seus colegas mais jovens absolutamente não podem compensar décadas de rotina com um treinamento melhor. Que valor seu gerente dá ao seu bom contato com os clientes? Pense em seus pontos fortes! Qual deles você ainda pode desenvolver mais?

Outro exemplo: fracassos sexuais. Se tem medo de fracassar sexualmente, de que maneira você mantém a esperança de uma relação sexual bem-sucedida? Se você, como homem, tem problemas de ereção, deve concentrar-se em suas capacidades de ser um parceiro carinhoso. Permaneça em contato físico com sua parceira, mesmo quando se sentir inseguro. Aceite seus medos de fracassar. Não estabeleça para si mesmo quaisquer objetivos exagerados, por exemplo, que você "tem de funcionar de qualquer modo". Renuncie durante algum tempo – independentemente de sua capacidade de ereção – a relações sexuais. Aprenda outras formas de desfrutar do encontro físico. E se você como mulher só a muito custo consegue ter o orgasmo, não se coloque sob a pressão de mesmo assim ter de chegar tão longe em toda relação sexual. Aprecie o estar junto sexualmente, sem se deixar estressar pela pressão de desempenho.

Passo 3: Estabelecer objetivos realistas – Os degraus que conduzem ao êxito

Uma viagem de mil quilômetros
começa com o primeiro passo.
Lao Tsé

Desenvolva objetivos realistas. É melhor desistir de ideais inalcançáveis. Se você quiser alcançar ou modificar alguma coisa, coloque-se em primeiro lugar objetivos claros e razoáveis. Com os objetivos adequados você pode ser bem-sucedido nos estudos e na profissão e, da mesma forma, nos esportes ou nas artes. Se seus objetivos forem formulados de maneira concreta, você pode controlar o êxito e o fracasso, sem com isso se enganar.

Evite três tipos de objetivos errados

Ao estabelecer objetivos pode-se cometer três erros diferentes, que possivelmente terão conseqüências consideráveis:

1) Não estabelecer nenhum objetivo para si mesmo, por temer qualquer fracasso. Sem objetivos, no entanto, você não está motivado e não age. Coloque-se objetivos realistas, que não exijam nem muito nem pouco de você.

2) Escolher objetivos muito modestos, por pura falta de confiança. Com isso você deixa de utilizar as capacidades que possui. Não exija constantemente tão pouco de você com tarefas muito fáceis. Mesmo nas atividades mais exigentes você não precisa contar sempre com o fracasso.

3) Estabelecer para si objetivos muito elevados, por sempre desejar alcançar mais do que é possível. Isso não vai incentivá-lo, e sim intimidá-lo. Não exija demais de si mesmo, com tarefas muito difíceis. Isso o fará se acovardar, por não estar à altura de suas próprias exigências. Assim você provoca seus medos de fracassar sem necessidade.

Pode dividir os objetivos muito grandes em objetivos menores. Dessa forma vivencia experiências construtivas de êxito mais rápido e regularmente.

Percorra o caminho a pequenos passos

Você se sobrecarrega facilmente com objetivos muito grandes? Intercale objetivos pequenos à frente do impressionante objetivo final. Dessa maneira você realiza por etapas seus objetivos escolares, universitários, profissionais, esportivos, artísticos ou interpessoais. Se quiser fazer progressos precisa percorrer o trabalhoso caminho dos passos pequenos. Não sonhe com desempenhos que abram caminhos, mas que porém não lhe dão asas. Você pode superar os medos de fracassar com mais facilidade se escolher um limiar de abordagem mais baixo em uma nova área de atuação. Se escolhe objetivos muito elevados, os quais só poderá alcançar com esforços muito grandes, tudo não sairá do terreno das boas intenções – e você não fará simplesmente nada.

Você gosta de elaborar seus objetivos de forma imprecisa e generalizada? Pois reflita: quanto mais realista e objetivo for na elaboração de seus objetivos, maior será sua motivação e energia para atacar a tarefa a que se propôs. Pode alcançar seus objetivos com muito mais facilidade, quanto mais objetiva for a realização diante de seus olhos. Concretize seus objetivos com um plano detalhado de degraus.

Você progredirá mais facilmente com objetivos realistas e pequenas experiências de sucesso. Com isso você aumenta as chances de êxito de seus esforços. Descreva seus objetivos da forma mais concreta possível ("eu vou respirar calmamente e falar mais devagar em minha próxima apresentação", "eu vou aceitar a promoção profissional que me foi oferecida", "vou pedir o auxílio de pessoas experientes em tarefas difíceis"). Não generalize seus objetivos ("eu vou ignorar o meu medo em minha próxima apresentação"; "eu tenho de melhorar muito antes de me julgar capaz de uma ascensão profissional"; "eu quero conseguir tudo sozinho").

Pergunte a si mesmo: "O que tenho de fazer *agora* para me aproximar com um pequeno passo de meus grandes objetivos?" Coloque-se objetivos concretos, que você possa realizar dentro de um prazo previsível. No início, desenvolva objetivos de mudança modestos. Evite fazer a si mesmo exigências perfeccionistas apenas porque com elas você deseja compensar seus sentimentos de inferioridade. Proponha-se objetivos reexamináveis e alcançáveis. Com isso você pode reconhecer seus êxitos com mais clareza e elogiar-se por eles.

Identifique e mude seus objetivos irrealistas

Você tende a se propor objetivos muito altos ou não realistas? Pequenos objetivos lhe parecem muito pouco atrativos? Você acha que através de objetivos pequenos suas supostas fraquezas se tornariam muito evidentes para os outros? Contra isso existe apenas um conselho: Não exija demasiado de você mesmo através de objetivos por demais ambiciosos. É irrealista dar a impressão de ser "cool", quando na realidade durante uma prova ou competição você se sente agitado interiormente. Se quer parecer relaxado e descontraído, muito embora esteja totalmente inibido por dentro, o efeito que provoca sobre as outras pessoas é o de parecer artificial e sem espontaneidade. É melhor se propor todas as tarefas necessárias. Não evite nada por medo de fracassar ou de se envergonhar. Faça isso, mesmo que no início seja provável que os sintomas de medo se apresentem.

Você deseja ter desempenhos futuros melhores do que os de até agora? Sua boa intenção tem de ser acompanhada de possibilidades realistas. Diante de notas ruins não há nenhum sentido em querer tornar-se de pronto um bom aluno ou uma universitária excelente. Basta no início aprender o suficiente para passar nas próximas provas. Então seus medos do fracasso não mais determinarão toda a sua vida.

Você gostaria de se apresentar com autoconfiança? Não quer mais agüentar "qualquer coisa" dos outros? Muitas vezes o puro e simples comunicar-se melhor com as outras pessoas já é suficiente. Não faz muito sentido tomar para si outras pessoas como exemplo. Você tem de encontrar seu próprio caminho, para que sua personalidade possa ser mais valorizada pelos outros.

Você gosta de se sacrificar pelos outros em uma relação a dois ou na família? Então não faz muito sentido querer se tornar egoísta. Como sujeito social você jamais se transformará em uma pessoa sem consideração. Ou é isso que você quer? Identifique os desejos, as necessidades e os interesses que você de fato quer, no futuro, tornar realidade.

Passo 4: Elaborar objetivos positivos – Mentalizar desejos claros

> *Se será melhor, se tudo for diferente, eu não sei, mas eu sei que as coisas têm de mudar, se tiverem de ser melhores!*
> Georg Christoph Lichtenberg

Elabore seus objetivos de forma positiva. Isso aumenta sua motivação e a sua disposição para o desempenho. Deixe claro para si mesmo que você quer alcançar algo. Renuncie aos objetivos formulados de forma negativa. O importante não é evitar alguma coisa. Se você quer evitar alguma coisa tem apenas a intenção de se proteger de uma situação desagradável. Mas isso não o ajuda a tornar real uma situação desejada.

Seu inconsciente não conhece a negação

Algumas vezes você deseja muito alguma coisa? Expressa o desejo de forma negativa, como receio? Por exemplo, digamos que você deseja entusiasmar seu público durante uma apresentação. O que você diz? Algo como "tomara que os ouvintes não me critiquem muito..." Em nosso cotidiano nos comportamos constantemente assim. Partiremos em férias e desejamos que o tempo seja bom. O que dizemos? Não algo assim "tomara que o tempo seja bom", mas sim "só tomara que não chova o tempo todo..."

Diga o que você quer – e não o que você *não* quer. Evite conversas interiores que sigam o lema: "Tomara que eu não seja reprovado na prova" ou "tomara que eu não fique muito nervoso". Pelo contrário, diga a si mesmo, e de forma concreta, como você quer ser e agir. Com isso você chega muito mais próximo de um objetivo desejado. Um exemplo: "Eu atuarei com segurança e determinação na apresentação". Não diga, pelo contrário, que você quer evitar um comportamento indesejado – por exemplo, "tomara que eu não pareça inseguro e inibido durante minha apresentação".

Esses tipos de instruções dirigidas a nós mesmos atendem a um princípio fundamental da pedagogia: pais deveriam dizer aos filhos o que eles devem fazer para conseguir alguma coisa. Eles não deveriam acentuar o que eles devem deixar de fazer. Então nós até reconhecemos nossos erros, contudo não os substituímos por melhores maneiras de procedimento, e pelo contrário: somos determinados pelos nossos medos e queremos evitar, acima de tudo, um infortúnio temido. Como pais ou professores queremos estimular uma criança, por exemplo, a ser mais habilidosa. Em vez disso, porém, alertamos a criança desnecessariamente contra perigos: "Preste atenção para que você não se machuque!"

Você expressa espontaneamente suas intenções – e de forma positiva? Durante exercícios de relaxamento você deve formular seus objetivos de forma positiva (por exemplo: "Estou tranqüilo e relaxado", "eu consigo realizar aquilo a que me proponho"). Não formule seus objetivos de maneira negativa ou indiferente (por exemplo: "Minha ansiedade vai passar", "minha tensão não tem importância para mim").

Se você disser a si mesmo que *não* quer tremer, transpirar, corar ou gaguejar não obtém nenhuma imagem positiva. Pelo contrário, você consolida suas idéias negativas. Frases que contenham "não" como "não fique vermelho", "não fique nervoso" ou "agora não pareça tímido de jeito nenhum" seguem o mesmo princípio que "não pense em um elefante cor-de-rosa". Aí mesmo é que se pensa nisso.

Você conhece isto: quanto mais deseja reprimir alguma coisa, mais esta coisa se impõe a você. Quando você não quer pensar em algo, pensa exatamente naquilo que não quer pensar. Se quer de fato evitar alguma coisa negativa, não deve dirigir seus pensamentos para os obstáculos e problemas, e sim pensar nos passos e caminhos para poder alcançar seus objetivos. Se quer de modo muito obstinado realizar alguma coisa sem erros e de maneira totalmente isenta de medo, você coloca a si mesmo sob pressão por meio dessa pretensão exagerada. Você deseja evitar incondicionalmente o negativo em lugar de almejar o positivo da melhor maneira possível.

Houve um tempo em que se dizia muito: "O inconsciente não conhece nenhuma negação". Hoje em dia expressamos a mesma coisa da seguinte forma: em nossa mente surgem imagens; estas têm efeito direto sobre nosso corpo. O modo como imaginamos e o que imaginamos influenciam nosso comportamento e a maneira como nos sentimos. Isso nos leva ao próximo passo: não formule seus objetivos de forma positiva apenas verbalmente. Construa também imagens agradáveis de seus objetivos.

Passo 5: Visualize o êxito – Treinamento mental como o que se tem no atletismo

> *A força da imaginação é o início da criação. Imaginamos o que desejamos; desejamos o que imaginamos; ao final criamos o que bem queremos.*
> George Bernard Shaw

Use a força da sua imaginação. A mesma "fantasia" que produziu seus medos do fracasso também o ajudará a imaginar soluções bem-sucedidas. Com o auxílio de imagens positivas você acredita com mais intensidade em seu êxito. Imagine exatamente aquilo que deseja conseguir. Aponte assim suas idéias de futuro na direção desejada. Você acreditará muito mais no sucesso de seus esforços quanto mais já tenha se proposto a ele em sua imaginação. Aquilo que você não puder nem imaginar você só poderá realizar com dificuldade.

Treinamento mental – Aja mentalmente "como ensaio"

O quê você associa ao conceito de "treinamento mental"? O treinamento mental teve sua origem no esporte. Os atletas melhoram seu desempenho e suas seqüências de movimentos em sua imaginação. Eles não treinam fisicamente para isso. Hoje em dia o treinamento mental consiste em relaxamento, exercícios de idealização e aquela conversa – positiva – consigo mesmo. O treinamento mental tem o efeito de uma hipnose leve: você se sente "como em transe". Sua autoconfiança se transforma. Você imagina alguma coisa como se fosse real.

No esporte, o treinamento mental completa o treinamento físico. Ele aperfeiçoa nossa eficiência bem no ponto em que um mero treinamento comportamental não auxilia o suficiente. Não podemos nos preparar com facilidade para as situações que se apresentam raras vezes ou de súbito, que parecem diferentes todas as vezes, ou que estão sempre associadas a novas dificuldades. No treinamento mental agimos mentalmente quase "como ensaio": representamos a situação em pensamento, passo a passo, e nisso imaginamos nosso comportamento. Dessa maneira podemos desenvolver possibilidades de superar com êxito situações novas. Quando surge uma situação desse tipo podemos recorrer às estratégias de comportamento trabalhadas em nossa mente, as quais talvez jamais tenhamos tido a oportunidade de testar em um caso de emergência. Atletas e astronautas treinam assim. Com isso eles têm todas as reações prontas, "à mão", para sobreviver a perigos.

Muitos esquiadores e pilotos de Fórmula 1 fazem um treinamento mental tão abrangente que têm em sua cabeça o tempo exato que levariam para percorrer qualquer pista de corrida. Os pilotos de Fórmula 1 treinam dessa forma, treinam encostar as mãos no corpo e encolher as pernas para a hipótese de os freios falharem a 300km/h. Nós, ao contrário, por causa de nossos reflexos, tenderíamos a esticar nossos braços e pernas, pois é dessa maneira que o nosso corpo quer se defender de um impacto. Com isso, no entanto, os pilotos de corrida se arriscariam a inúmeras fraturas. O próprio Michael Schumacher conseguiu evitar um acidente porque havia se preparado mentalmente para isso.

Você pode otimizar seu comportamento em situações críticas com a ajuda do treinamento mental ao familiarizar-se, mentalmente, com as alternativas de ação: "O que eu posso fazer de diferente se deparar de novo com uma situação como essa?" É como em uma viagem a uma terra desconhecida: você pode se preparar com o auxílio de "mapas" mentais. Portanto, treine estratégias de superação em sua mente – assim, irá solucionar mais facilmente seus problemas. Seus desafios já não parecerão mais tão novos e desconhecidos, pois você já imaginou o problema e sua solução.

Resumo: Diante de um desafio, imagine o comportamento bem-sucedido que o conduzirá à sua superação. Com isso você se familiariza interiormente com ele. Se quiser mesmo superar uma tarefa que o aguarda deve direcionar sua atenção para ela. Imagine, pense de que modo você, passo a passo, pode concluí-la.

Use o treinamento mental para aumentar seu desempenho

Pode-se aprender treinamento mental sem um treinador? É bastante possível! Faça uma imagem ativa de seu sucesso. Imagine a cena em detalhes. O que você vê? O que você ouve, percebe e cheira? Dê às suas imagens um colorido positivo. Faça um filme em sua mente: como você resolve uma situação – uma situação de que tem medo? Pense nas possíveis dificuldades. Imagine ao mesmo tempo, em câmera lenta, como você supera essas dificuldades e chega ao êxito. Contemple esse filme repetidas vezes em sua mente. Ao fazê-lo, comporte-se como se já tivesse alcançado seu objetivo.

O princípio do treinamento mental funciona da mesma forma para todas as exigências de desempenho: interiorize seus objetivos. Imagine o seu sucesso. Inclua suas emoções na idealização. Associe suas imagens de êxitos anteriores e futuros a emoções agradáveis: sinta a alegria e a satisfação interior. Se você imagina seu objetivo em imagens, isso o motiva mais do que um desejo de sucesso manifestado verbalmente.

O treinamento mental tem uma vantagem sobre as autosugestões positivas: você não se convence simplesmente apenas de uma coisa. Pelo contrário: idealiza alguma coisa em forma de imagens. Aqui vale a máxima: "Uma imagem vale mais do que mil palavras". Você se recorda de seus objetivos. Você vê e sente a atuação bem-sucedida. Não se convence de um super-resultado em uma prova. Você vê e vivencia isso em seu interior. Faz uma imagem de todas as facetas, do começo ao fim. Em sua imaginação você supera todos os obstáculos, os limites e os medos de fracasso, que até então tolhiam o caminho para um comportamento bem-sucedido.

Confronte-se mentalmente com as situações temidas. Elabore o pior cenário de horror. Este é o primeiro passo para a superação. Em complemento, escreva o roteiro de como poderia continuar. Como dominar a situação com dignidade? De alguma forma, tudo continua – a maneira como isso acontecerá depende de você e de sua imaginação.

Passo 6: Viver o aqui-e-agora – Ater-se ao momento

Hoje é o amanhã, com o qual nos
preocupávamos ainda ontem.
Nikolaus B. Enkelmann

Detenha-se no aqui e no agora enquanto realiza seu desempenho. Pense no presente. Não olhe para o passado ou para o futuro. Concentre-se naquilo que você faz no momento. Não pense demais no objetivo.

Concentração significa a focalização da atenção

Você pode descrever o que faz quando se concentra? Você vive então totalmente para o momento. Você pensa exclusivamente naquilo que faz na ocasião. Você se ocupa atentamente da tarefa atual – e com nada mais. Sua concentração diminui tão logo você pensa em outra coisa: essa coisa pode ser o erro que você acabou de cometer ou um obstáculo futuro.

De forma generalizada pode-se dizer: você fica desconcentrado quando se concentra em muita coisa ao mesmo tempo. As pessoas que têm medo de provas, os atletas e os artistas fracassam muitas vezes por esse motivo; porque seus pensamentos não estão voltados para a atividade que realizam naquele momento. Eles têm medo das conseqüências negativas no futuro. Isso faz com que a tarefa importante naquele momento fique em segundo plano. E então chega-se à conclusão: ao concentrar seu pensamento somente no acontecimento imediato suas idéias não podem ser desviadas para o passado ou para o futuro.

A espécie e a dimensão de seu medo dependem de como se avalia o seu futuro. Se você aceita o seu medo do fracasso e o seu possível fracasso, você não precisa se preocupar o tempo todo com o futuro e com o perigo de fracassar. Você só pode agir no presente. Use essa chance! Concentre-se naquilo que você pode fazer *agora*!

Atletas e artistas têm seus pensamentos voltados exclusivamente para a atividade que realizam no momento. Não permitem que nenhum outro pensamento lhes atravesse a mente. Agem como em transe, tudo acontece por si mesmo. Conseguem desligar-se do ambiente e de fatores perturbadores – por exemplo, a dor. Os atletas se concentram totalmente no seu corpo em ação. Eles confiam no desenrolar espontâneo de todas as suas ações. Eles treinaram esse processo durante muitos anos. Agem nas competições de forma puramente intuitiva. O corpo faz o que deve ser feito. Todos os pensamentos e sentidos apóiam a ação daquele momento. Os atletas vivenciam isso como uma "sensação ótima". Sua sensação de felicidade assemelha-se a um estado de embriaguez.

Os jornalistas gostam muito de perguntar aos atletas em que eles pensaram durante a competição. Com muita freqüência a resposta é: "Em nada". Tal reação, espantosa em um primeiro momento, mostra que os atletas estão totalmente absorvidos em sua atividade momentânea. Na pior das hipóteses eles dizem a si mesmos: "Você agora vai fazer como sempre". Quando pensam em outra coisa, concentram-se no sucesso esperado – não nos temores de que tudo possa dar errado. Esse tipo de pessoa tem uma cabeça "livre" ou "fria".

Comporte-se em momentos decisivos como se não houvesse nenhum ontem e nenhum amanhã. Os mestres Zen japoneses chamam isso de "esvaziamento dos pensamentos". Concentre-se no que está realizando em tal ou qual momento. Você relaxará bastante e fará valer esse sentimento ao agir. Exclua tudo o que não seja importante. Nada nem ninguém poderá atrapalhá-lo. Nesse estado você alcança um desempenho de ponta. Direciona toda a sua energia mental e física para a sua ação atual.

A desconcentração surge da concentração em muitas coisas

Você sofre com freqüência de distúrbios de concentração? Gosta de pensar em muitas coisas ao mesmo tempo? Olha muito para o futuro ("será que vou mesmo conseguir isso?") ou para o passado ("tomara que eu não fracasse como da última vez?"). Ora, agindo assim você não está com todos os seus pensamentos voltados para o desempenho exigido de você no momento. Com isso você prejudica a sua capacidade de desempenho. E não pode mais tê-lo 100%. Se durante uma prova você pensa o tempo todo em más notas, você luta contra algo que deseja evitar. Faz muito mais sentido engajar-se naquilo que deseja alcançar.

Alguma vez você já refletiu sobre por que você de repente tem receio de alguma coisa? Como é que você cria o seu medo? Você provoca medo a si mesmo ao ter pensamentos do tipo: "O que acontecerá se eu for mal na apresentação ou na competição?"; "...se eu não passar?"; "...se, estando lá no palco, eu não souber continuar?"; "...se eu cometer um erro no trabalho?"; "...se eu não puder mais ajudar meus pais, meus filhos?"; "...se eu fracassar no sexo?"

Concentrar-se demais na vitória pode, sim, prejudicar

O próximo conselho vai surpreender você: pense em uma situação de desempenho e não em um resultado de ponta. Em competições não sonhe com a vitória enquanto você compete. Com isso você se coloca fortemente sob pressão. E quer vencer os outros o tempo todo. Concentre-se em si mesmo. Permaneça no aqui e no agora. Diga a si mesmo: "Darei o melhor de mim, da melhor maneira possível".

Coloque sua tarefa atual no centro de tudo. O êxito vem depois. Você não precisa de nenhum auxílio para motivar-se: está contente com o que faz. Esse contentamento o mantém entusiasmado. Não pense sobre o sentido e sobre a finalidade de sua tarefa enquanto a realiza. Você já se decidiu a comparecer à prova, a participar de uma competição ou a fazer uma apresentação. Decidiu-se a aceitar o desafio. O resultado você conhecerá depois.

As avaliações de nosso desempenho são úteis e necessárias. Mas não pense no resultado durante uma prova ou uma apresentação. Não auto-observe o modo como você faz, aquilo que você faz no momento. Os padrões exagerados de desempenho têm um efeito fatal sobre as fases de ação. Pois então ficamos insatisfeitos com nosso comportamento atual. E não agimos de modo espontâneo.

Resumo: Enquanto você executa uma ação deve evitar todos os pensamentos de fracasso e de êxito. Concentre-se totalmente na tarefa atual. Diga a si mesmo: "Tudo transcorre de modo satisfatório. Estou lidando bem com a coisa. Assim está bom. Tenho confiança em que tudo continuará dessa forma".

Viver o aqui e o agora em uma relação sexual

Sentir prazer significa permanecer por inteiro no presente. A relação sexual é um exemplo impressionante disso: quando vivemos no momento, vivenciamos uma relação sexual de modo relaxado e prazeroso. Se você está fixado demais em sua capacidade de reação sexual presenteia-se com um estresse desnecessário.

Permaneça no aqui e no agora durante uma relação sexual. Deleite-se com seu corpo e com o corpo de seu parceiro ou parceira. Concentre-se em suas sensações eróticas, nos toques carinhosos.

Se você desde o início quiser alcançar ou evitar alguma coisa determinada vivenciará a situação de maneira pouco espontânea. Não almeje diretamente a ereção ou o orgasmo. Não tente forçar um orgasmo com determinadas técnicas, como sinal de sua capacidade de desempenho. Não se coloque sob pressão em uma relação sexual: se o fizer, alcançará o oposto. Não se auto-observe o tempo todo. Não mantenha consigo mesmo nenhum diálogo interior autocrítico.

Passo 7: Concentrar-se na tarefa – Ignorar fatores perturbadores

> *Concentre seus pensamentos totalmente no trabalho que você tem diante de você. Os raios do sol só queimam se estiverem concentrados, como num feixe.*
> Alexander Graham Bell

Concentre-se totalmente em sua atividade, no que tem a ver com ela, não no entorno. Se for necessário, comente consigo mesmo sua ação – se com isso puder concentrar-se melhor na tarefa. Não preste atenção nas outras pessoas que o observam ou que, como você, estejam participando de uma competição. Não fique controlando seu corpo em busca de sintomas que os outros possam perceber. Se o fizer, sua concentração desaparece. E seu desempenho cai.

Continue com sua atividade e ignore o ambiente

Como você se sente quando outros o observam? Você pensa muito a respeito do que passa pela cabeça do seu público? Em se os outros estão achando a sua apresentação boa ou ruim? No que a platéia vai achar de você depois da apresentação? Quanto mais inseguro você se sentir durante uma apresentação, mais observará a si mesmo. Você busca respostas positivas para diminuir sua insegurança. Isso é perigoso: você se torna dependente dos outros e ainda mais inseguro.

Nesse tipo de situação é decisivo permanecer com seus pensamentos em sua ação e em sua vivência. De modo algum você deve se auto-observar em situações de apresentação, como se visse a si mesmo do ângulo de visão dos outros. Concentre-se puramente em sua ação, sem refletir muito ou esforçar-se demais. Se durante um desempenho esportivo você vir a si próprio com os olhos dos outros, e de maneira autocrítica, começará a duvidar de si mesmo, e seu corpo já não mais agirá de maneira espontânea.

Você gosta de se comparar com os outros participantes durante a execução de uma tarefa? Eis um conselho bastante importante: não, não observe constantemente seus concorrentes em uma competição. As comparações irão distraí-lo de sua própria tarefa. Você apenas se deixa inseguro. Ao direcionar sua atenção para o exterior desperdiça muita energia. Isso acontece facilmente quando você julga seu oponente muito melhor do que você.

Você lida consigo mesmo com mais severidade do que as outras pessoas o fazem? Exige muito mais de você do que os outros esperam de você? As pessoas que apresentam fobias sociais e as pessoas que têm medo de fracassar avaliam a si mesmas de modo muito mais austero do que fazem seus semelhantes. Esperam demais de si mesmas e têm medo de que o ambiente em que vivem possa de forma semelhante também esperar muito delas. Pessoas inseguras vêem a si mesmas com os olhos dos outros. Elas se sentem avaliadas o tempo todo. Elas se auto-observam constantemente para não chamar a atenção sobre si de forma desagradável. O crítico que trazem em seu interior é implacável – e por esse motivo elas pensam: por que o ambiente deveria ser então menos crítico? Reflita sobre isso: se você se auto-observa permanentemente tomando a perspectiva dos outros você prejudica sua relação consigo mesmo e sua convivência espontânea com o semelhante.

O seu medo de críticas não é outra coisa senão o medo que você tem de seu próprio crítico interior. Você projeta seus temores nas outras pessoas. Pegue um caderno. Escreva na coluna esquerda o que você pensa sobre um determinado comportamento. Na coluna direita, o que você acha que os outros pensam desse comportamento. Você vai se admirar ante o quanto essas duas listas são idênticas.

Não observe e não lute constantemente com seus sintomas físicos

O que você faz quando se sente mal fisicamente na companhia de outras pessoas? Observa seu corpo? Você se pergunta se chama a atenção de forma desagradável? Muitas pessoas inseguras se comportam dessa maneira. Todas essas pessoas têm o mesmo medo: os outros poderiam acreditar que elas estão com os nervos em frangalhos – só porque transpiram, coram ou porque suas mãos tremem.

As pessoas inseguras que têm um medo de fracasso muito grande se auto-observam muito intensamente em situações de desempenho. Prestam uma atenção escrupulosa exatamente aos seus sinais físicos de medo ("fiquei vermelho?"; "será que dá pra ver que estou empapado de suor?"; "meu chefe percebe que estou tremendo?"). Observam sua aparência o tempo inteiro ("minha aparência é adequada?"), bem como sua linguagem corporal ("mantenho o contato visual correto? Minha postura e o movimento das minhas mãos estão de acordo com o esperado pelos outros"). Procuram ver as reações dos ouvintes ("estarão gostando da minha apresentação?"). Com medo de chamar a atenção negativamente essas pessoas se concentram de forma exagerada nos sintomas físicos visíveis. E acaba lhes faltando a total concentração para a tarefa específica.

Não preste atenção aos seus sintomas de medo e de estresse nos contatos com o semelhante. Ao querer combatê-los você se bloqueia. Não consegue agir de forma espontânea e parece artificial para os outros. Se observa constantemente seu sistema nervoso, isso o perturba no trabalho. Confie na capacidade de seu corpo. Você treinou bastante tempo para suas tarefas e apresentações.

Busque a serenidade dentro de si mesmo – Não se deixe perturbar

Você gosta de observar a si mesmo em situações sociais? Tem a sensação de estar parado "ao lado de si mesmo"? Quando sentimos insegurança diante de um público, nos comportamos da seguinte forma: nos observamos incessantemente com uma metade de nossa pessoa; levemente dissociados e desunidos em nosso próprio ser. Para aqueles que nos assistem, damos uma impressão contrafeita e absorta. Com isso perdemos a "leveza do ser". Dessa maneira, não damos expressão às nossas capacidades; elas não são mostradas como poderiam ser. Não se espante se você se sentir desconcentrado ou tiver de perguntar ao seu interlocutor o que ele acabou de dizer.

Em situações de avaliação permaneça sempre centrado em si mesmo. Procure a serenidade em si próprio. Aja a partir de si mesmo. Se você se desconcentrar por um momento e se observar de maneira autocrítica, volte sem falta imediatamente ao seu corpo.

***Flow* – se jogue na situação**

Alguma vez você já esteve tão imerso em algo que quase não percebeu o ambiente à sua volta? Quando nos concentramos totalmente em uma atividade nós nos perdemos nela. Em um estado como esse, de grande atenção, não percebemos conscientemente nem a nós mesmos. Esse estado é chamado de vivência *flow*. Quando estamos em "*flow*" nos entregamos totalmente à nossa atividade momentânea (no jogo, no esporte, na música, na dança, no *hobby*, no sexo, nas refeições). Não refletimos sobre nossa atividade e tampouco a avaliamos de forma crítica. Fundimo-nos à situação; espaço e tempo se embaçam. Em uma vivência *flow* nossos pensamentos e nossas emoções estão em harmonia com a nossa atividade.

Tarefas com grau de dificuldade moderada podem nos prender de tal maneira que não damos mais atenção a outros estímulos. Tudo o que fazemos flui por si mesmo (daí a denominação *flow*). Tudo está em conformidade e nos satisfaz. Não precisamos nos preocupar. A tarefa nos desafia de modo prazeroso. Não nos sentimos exigidos ou cansados demais. A ação e o seu resultado recompensam por si sós. Sentimo-nos reconhecidos e satisfeitos. O que fazemos naquele momento, em qualquer momento, nos deixa realmente alegres.

Se nos entusiasmamos por alguma coisa agimos de modo descontraído e satisfeito. Os possíveis problemas não nos afetam. Temos a situação sob controle. Não precisamos pensar conscientemente sobre o que devemos fazer e sobre como encarar melhor alguma coisa. O trabalho é bem-sucedido sem que tenhamos tido de nos esforçar conscientemente para obter esse resultado. Para isso fazemos com que o entorno desapareça totalmente. Vivenciamos o tempo de outra maneira. Enquanto estamos imersos em nossa atividade, as horas passam como se fossem minutos.

Você acha que a denominação *flow* é uma palavra nova para uma experiência já há muito conhecida? Sim, tem razão: o conceito de "satisfação" não descreve outra coisa. Somos preenchidos por uma coisa se nos entregamos a ela e somos por ela absorvidos. Quando chegamos a esse ponto, não pensamos de modo algum em nos auto-obervarmos ou em nos avaliarmos.

A satisfação é uma coisa diferente do êxito. O êxito nem sempre vem junto com a satisfação. Se buscamos o êxito diante de um público facilmente nos estressamos. Mas se estivermos absorvidos por nossa apresentação e entusiasmados com nosso tema, não teremos nenhum medo do fracasso. Estaremos totalmente dentro de nós mesmos, nada avaliando segundo critérios de "certo ou errado", "bom ou mau".

Passo 8: Aprendizagem e treino – Êxito por meio de um programa de exercícios

O êxito tem três letras: AJA!
Johann Wolfgang von Goethe

Prepare-se antecipadamente para todas as situações de desempenho da melhor maneira possível. Exercite suas capacidades intelectuais, físicas e sociais. Quando se prepara mal, você apenas provoca insegurança em si mesmo; se se prepara mal, e se evita a todo o tempo uma situação, não aprende a lidar com ela. Tendo isso em vista, estabeleça um plano concreto com objetivos divididos em partes, os quais você realizará um após o outro. Você se fortalece com os objetivos alcançados e acredita firmemente em seu êxito ao final. Seus visíveis progressos o motivarão para outras atividades.

Siga seu programa de treinamento de forma sistemática

Você conhece esta história? Certa vez, na ilha de Manhattan, um homem com um estojo de violino pergunta a um transeunte: "Por favor, como faço para ir daqui ao Carnegie Hall?" O transeunte respondeu sem parar nem titubear: "Treine, treine, treine!"

Os mestres em suas especialidades treinam muito e acumulam prática dessa forma – ao contrário dos que se julgam conhecedores. Nós só apresentamos um desempenho de ponta após fases de treinamento trabalhosas e enfadonhas. É um caminho a ser percorrido a passos curtos. Se você quiser alcançar muito em pouco tempo, provavelmente desistirá rápido.

É difícil para você ter paciência para treinar e alcançar ambiciosos objetivos? Permita que seja dito: seu sucesso escolar ou profissional só se torna mais próximo com uma aprendizagem regular. Só aquele que treina de modo persistente pode conseguir alcançar desempenhos esportivos e musicais. Prepare-se bem antes da realização de uma prova ou de uma apresentação. Aproveite todas as oportunidades para se apresentar diante de outras pessoas. Assim, com o decorrer do tempo você adquire experiência. E não precisará mais se auto-observar constantemente.

As exigências cotidianas habituais você executa com rapidez, facilidade e de forma objetiva. Não precisa mais refletir conscientemente sobre o como e o porquê. Não tem de prestar atenção o tempo todo se está a agir do modo correto. Nas situações de rotina as coisas acontecem como que por si mesmas. Sua cabeça está livre de visões aterrorizantes.

Confie mais nos rituais e menos em sua autodisciplina. Os hábitos concedem uma estrutura à sua vida e consomem menos energia. Você não precisa se conscientizar todo o tempo para ter ânimo de treinar ou aprender. Com os rituais você fixou o que você faz e quando e em que momento você faz uma pausa. Desenvolva passo a passo rituais positivos. Com isso você cria um equilíbrio entre aprender e repousar. Os rituais não excluem a espontaneidade; pelo contrário, eles dão ao seu comportamento um contexto estável e certa segurança. Nós, os seres humanos, somos "animais de hábitos", realizamos automaticamente muita coisa porque as aprendemos durante um longo tempo. Você pode usar esse fato em seu proveito próprio, ao treinar e para aprender.

Ao treinar novas habilidades você deveria se dedicar em pensamento de forma intensa à atividade que está realizando. Sim, a reflexão é indispensável quando se deseja exercitar uma nova maneira de se comportar, ou quando se quer livrar-se de hábitos prejudiciais. Porém, tão logo um novo comportamento ocorra de forma automática, pare de se auto-observar. Ou você apenas se sentirá inseguro em sua atividade.

***Just do it* – Agir é suficiente, nem sempre precisa ser divertido**

Você gosta de continuar adiando o seu treinamento ou uma tarefa que está a sua espera? Então, de uma vez por todas, comece a agir! Supere a sua falta de vontade. Chame a responsabilidade! Tome sua vida nas mãos! Estabeleça quando você realizará atividades de que não gosta. Pense em Erich Kästner, que disse: "Não existe nada de bom, a menos que a gente o faça".

Não espere cada vez mais tempo pela motivação certa. O impulso para pôr mãos à obra em uma tarefa determinada na maioria das vezes não vem por si mesmo. Comece sua tarefa no ponto que mais lhe estimula e lhe mantém entusiasmado. Se você pelo menos se ocupar durante um breve período com determinadas tarefas, mais cedo você as concluirá. Admita para si mesmo: seu interesse por uma coisa muitas vezes só é despertado ao ocupar-se dela – não pela sua tentativa, quase sempre frustrada, de se entusiasmar por ela antes de iniciá-la.

Inicie com as tarefas que lhe dão mais prazer, que em geral o divertem. Assim você terá mais perspectivas de êxito. Se você não consegue se entusiasmar internamente com alguma coisa, pelo menos procure fatores motivacionais externos: recompense-se um pouco por trabalhos concluídos.

Passo 9: Lembre-se de seus êxitos e não de seus fracassos – Nada faz mais bem-sucedido do que o sucesso

O começo é a metade do todo.
Aristóteles

Se você se sente inseguro e fracassado, conscientize-se dos êxitos que obteve até o momento. Essa lembrança logo fará com que você se sinta mais competente e confiante. Seu medo de fracassar diminui tão logo você reconheça o que você já realizou em sua vida. Diga a si mesmo: "Eu já consegui realizar uma tarefa semelhante muitas vezes, também posso conseguir isso hoje".

Seus sentimentos influenciam sua memória

Algumas vezes você sente medo de uma tarefa que você uma vez ou muitas vezes já realizou com sucesso? Acontece com todo mundo de forma semelhante: em determinadas situações facilmente perdemos a confiança em nossas capacidades. Nós nos sentimos como iniciantes malsucedidos. Em situações bastante estressantes e, quando o medo de fracassar é muito grande, não conseguimos aproveitar nossas experiências positivas. Sentimo-nos como as pessoas depressivas; estas lembram-se tão-somente das vivências negativas.

Nós vemos o nosso passado de forma diferente, a depender de como nos sentimos. Algumas vezes filtramos o que foi bom, outras, aquilo que foi mau. Vemos e ouvimos o que queremos ver e ouvir. Após uma derrota nos recordamos muito mais de nossos fracassos do que de nossos ótimos desempenhos anteriores. Esse fenômeno chama-se "percepção seletiva": nós nos concentramos, desagradavelmente perturbados, nos poucos fracassos, em vez de percebermos os numerosos sucessos. De repente vemos fraquezas em toda parte e não mais algum de nossos pontos fortes.

Lembre-se de seus êxitos anteriores, e essas experiências agradáveis voltarão a ganhar vida em você! Elas o fortalecerão de tal modo que você, mais uma vez, terá esperança de obter um bom resultado. Você pode mostrar mais engajamento e ativar todas as suas forças. É dessa forma que funciona uma profecia auto-realizável positiva: porque você confia em um bom desfecho, este acontece de fato.

Não faça nenhuma imagem distorcida de sua capacidade de desempenho anterior. Lembre-se de suas experiências positivas. Apague as imagens negativas, diga interiormente: "Pare!" Com isso você fortalece sua autocapacidade. Confirme para si mesmo: "Eu já superei bem muitas vezes exigências semelhantes, sei disso. Não vou me deixar ficar inseguro e terei confiança nas minhas capacidades".

Assista aos filmes de seus êxitos

Você se sente, não raro, como um iniciante? Veja bem: você não começa do zero. Você já começou a ser bem-sucedido. Talvez você e o seu entorno não achem que isso seja o bastante; ou você mesmo vê o sucesso como mera coincidência. Você é competente em muitas situações. Mas você pode acreditar nisso?

Antes de uma atuação reveja em sua mente o "filme de seu êxito", ou seja, o "filme" de uma situação do passado, na qual você tenha sido bem-sucedido. Contemple esse filme, como se fosse o seu filme preferido. Primeiro, assista a esse filme, como as outras pessoas o veriam em uma tela de cinema. Veja a si mesmo, a maneira como você domina uma tarefa com sucesso. Então entre no filme. Aja pondo-se na perspectiva da pessoa que você era naquela ocasião. Vivencie o acontecimento com todos os seus sentidos, como se estivesse acontecendo agora.

Esse procedimento é uma forma de treinamento mental. Contudo, nesse caso você pensa nas situações já vivenciadas. Durante uma competição, atletas bem-sucedidos imaginam conscientemente seus desempenhos de ponta anteriores. Eles se percebem mais uma vez da melhor maneira possível intensamente dentro da situação de suas vitórias anteriores. Fortalecem dessa forma sua força e sua autoconfiança na competição iminente. Bloqueiam propositadamente os pensamentos de fracasso, para não deixar surgir, aqui ou ali, nenhuma insegurança.

Se você gosta de escrever, poderá redigir as histórias de seus sucessos. Redija textos sobre os temas "o que me fez ser bem-sucedido naquele tempo" ou "como foi que consegui realizar o que agora tenho dificuldade para fazer". Quando sentir medo do fracasso leia seus textos sobre seus êxitos. Grave suas histórias de sucesso e ouça suas palavras quando se sentir desencorajado.

Passo 10: Tolere seu medo do fracasso e seus insucessos – Você pode aprender com os erros

O ser humano erra enquanto almeja.
Johann Wolfgang von Goethe

Permita-se, expressamente, cometer erros. Se você se permite essa possibilidade não precisará mais temer os insucessos. Diga a si mesmo: "Errar é humano e torna humano". Aceite seu medo de fracassar. Você não precisa resignar-se por isso o tempo todo. Aceite a si mesmo com as suas fraquezas. Com esse passo você já modificou alguma coisa. Esse é o seu melhor remédio contra medos constantes de fracasso.

Tolere o seu medo de fracassar

Você tem dificuldade em aceitar o seu medo de fracassar? Preferiria não ter medo de nada? Diga "sim" a você mesmo e também ao seu medo do fracasso! Não possuir medo algum não é objetivo que faça sentido e que seja realista. Você tem medo de fracassar naquilo que é importante para você, e isto é totalmente normal. Se algo não é importante para você, você também não tem nenhum medo de fracassar. Realmente quer ser e viver assim? Não empurre para o lado seus medos do fracasso por meio de pensamentos positivos. Só será possível resolver seu problema com eficácia quando você vir exatamente aquilo que teme. Pode vencer seus medos de fracassar de forma bem-sucedida se for sensível ante aquilo que você teme, sem dissimulá-lo.

Você se sente muito intranqüilo e angustiado diante de novas tarefas? Tem medo de mudanças? Se você deseja começar alguma coisa nova precisa, acima de tudo, de coragem para isso. Tenha curiosidade pelo que é novo. Não ter medo algum também não conduz ao objetivo. Ser corajoso não significa não ter medo algum. As pessoas corajosas também têm medo. Atreva-se a realizar algo novo, do qual você tenha, sim, um pouco de medo. Desenvolva coragem e energia para agir! Não se deixe devorar pelo medo! Faça o que gostaria de fazer se não tivesse nenhum medo de fracassar.

Muitas pessoas têm medo de tarefas desconhecidas. Se você costuma sentir esse tipo de medo, sim, você se preocupa ainda muito mais diante de tarefas iminentes. Contemple o medo como parte de uma mudança necessária. Se o seu futuro se torna cada vez mais incerto, algo vai ajudá-lo mais do que todo o resto: confie em sua capacidade! Você está em condições de concluir bem as tarefas que deverá realizar. Tão logo você comece a agir, em lugar de esperar, sua confiança aumentará. Comece corajosamente a realizar as mudanças necessárias. E verá: você consegue muito mais do que julgava ser capaz.

Caminhe sobre os erros e os insucessos como se estes fossem degraus para o êxito. Lute pelo sucesso. Não lute tanto contra o fracasso. Em situações desafiantes confie mais nos seus conhecimentos e nas suas capacidades. Acredite na possibilidade, real, de agir corretamente e de forma bem-sucedida.

Não pense antes o tempo todo no *se* e no *mas*. Diga a si mesmo: "Eu me preparei bem para a prova ou para a apresentação. Também posso cometer erros. Contudo, vou usar todo o meu conhecimento e capacidade para lidar com a situação".

Você se sentirá menos pressionado se encarar os seus medos de fracasso e aceitá-los. Não reprima ou dissimule seus medos com o auxílio do álcool ou tranqüilizantes. Se em seus pensamentos já pode lidar de outra forma com seus medos do fracasso você se comporta de modo mais bem-sucedido e descontraído. Não há nenhuma vergonha em sentir medo do fracasso. O medo o motiva a alcançar situações e coisas temidas e a realizar seus sonhos. Deixe-se impelir ao êxito, sim, pelo seu medo.

Tolere seus erros

Que significa para você cometer um erro? Na maioria das vezes o nosso problema não está no erro em si, e sim na atitude perante o erro. Pessoas autoconfiantes e bem-sucedidas assumem seus erros e aprendem com eles. Pessoas inseguras e malsucedidas fazem um drama de qualquer pequeno erro. Elas criticam a si mesmas muito mais do que as outras e pensam tão-somente em seus erros, em vez de pensar em seus êxitos.

Divisas como "os vencedores não desistem nunca, os perdedores não ganham nunca"; "os fracassos devem ser evitados a qualquer preço"; "cada um é culpado por seu próprio fracasso" só fortalecem o nosso medo do fracasso. Temos de mudar nossa maneira de ver se quisermos fazer jus à realidade. Nossos pontos fortes não se mostram apenas através do sucesso e da vitória, mas também na maneira como superamos os fracassos e as derrotas que cada um de nós já conheceu em vida. Se não aprendemos a lidar com os erros, temos motivo para ter receio do fracasso.

Considere o erro como a sua chance de desenvolver-se ainda mais. Analise seus fracassos, em vez de encobri-los. "O treinamento faz o mestre", diz o ditado. Tornamo-nos espertos valendo-nos dos erros. Quando puder tolerar os possíveis erros sem dificuldade, não mais precisará controlar as tarefas que terá de realizar de maneira tão perfeccionista. Com isso você ganha tempo para outras coisas.

Em geral você recebe aplausos quando, apesar de um erro, continua com a apresentação em vez de interrompê-la. Comporte-se como um esquiador em uma competição de *slalom* que, ao deixar de marcar um ponto, continua a descida, sem jogar, aborrecido, seus bastões na neve. O público lhe perdoa um erro com mais facilidade quando você mesmo pode assumir e perdoar esse erro. Não enfatize o tempo todo o quanto você está aborrecido por ter cometido um erro. Não, não se irrite. De preferência diga a si mesmo: "Os pequenos erros me fazem humano e simpático. Eles mostram que eu ainda posso aprender algo mais. Com os pequenos erros eu permaneço no nível da realidade. Eles incentivam a minha modéstia e me protegem da megalomania".

Você sente grande dificuldade em aceitar sua impotência e desamparo diante de erros? Você não pode mais evitar o que já aconteceu. Só pode fazer o melhor a partir deste ponto. Leve sua apresentação a um final feliz. Tenha esperança de que as outras pessoas o achem simpático exatamente por causa de seu erro.

Não se concentre tanto no erro quando este já aconteceu. Os assistentes ou os ouvintes muitas vezes só percebem um erro se você demonstra sua insegurança de modo muito intenso. Simplesmente prossiga. Você perde sua concentração ao olhar para trás. Se aceitar um erro cometido, poderá esquecê-lo. Não precisa pensar irritado sobre ele o tempo todo. Poderá então voltar integralmente seu pensamento para a tarefa que realiza no momento.

Não se torture por muito tempo com os erros cometidos. Aproveite a próxima oportunidade para fazer melhor. Não se julgue de imediato um fracassado se alguma vez as coisas não correram tão bem. Se não consegue aceitar os primeiros erros, você se deixa nervoso. Talvez você se esforce ainda mais, porém, por causa da tensão interior e do medo – aí mesmo é que os erros acontecem. Esse círculo vicioso de uma profecia auto-realizável lhe mantém preso em seu medo do fracasso.

Pense nisto: não são os seus pontos fortes, mas sim os seus pequenos pontos fracos que o fazem ser estimado. Seus ângulos e arestas fazem de você uma personalidade única. Olhe em volta: nós achamos pessoas proeminentes como atores, cantoras e astros de TV simpáticas, apesar ou em razão mesmo de suas pequenas falhas.

Alegre-se com as críticas objetivas – elas podem lhe fornecer informações que lhe serão de muito auxílio. Com elas as outras pessoas lhe dão a chance de se tornar ainda melhor. Agradeça às críticas feitas com boas intenções. Não se aborreça com elas. Aproxime-se das pessoas que lhe criticam de modo sincero, e não se atenha a se justificar defensivamente para com elas. Também não se afaste delas porque você se sente culpado. Se você se justificar e se defender sempre, se rebaixará a uma posição de inferioridade – não importa quanto você fale bem ao se apresentar.

Resumo: aceite seus pequenos erros e fraquezas de desempenho – pelo menos quando estes podem acontecer facilmente em tarefas difíceis. E crítica nenhuma poderá mais lhe perturbar. Se você aceita a si mesmo, está imune à crítica de outras pessoas.

Suporte seus erros com humor

Após cometer um erro você perde rapidamente a alegria em realizar uma tarefa? Você se aborrece com coisas pequenas que não dão certo? Não se sente muito contente com os seus inúmeros trabalhos bem-sucedidos? Então você pode escrever um livro com o título "Manual para ser infeliz".

"Não esqueça da alegria!" Modele o cotidiano de sua vida particular e profissional segundo esse princípio. Se se alegra com alguma coisa, seu desempenho não precisa ser perfeito. Alegre-se com aquilo que faz no momento, em cada momento. Não fique pensando só no resultado. O humor e a alegria tornam qualquer atividade mais fácil. Dessa forma, você já não iniciará tudo de forma tão obstinada.

"O humor existe quando a gente ri apesar de tudo" – mesmo quando cometemos erros. Lide com você mesmo de forma bem-humorada. E já não achará mais seus erros tão trágicos. Enquanto o medo reduz a sua motivação, com sentimentos positivos você logo se sentirá carregado de energia.

Você pode ficar contente com alguma coisa, mesmo quando não a concluiu de forma perfeita? Pode ter prazer com alguma coisa, sem verificar o seu valor e a sua utilidade? É capaz de se desligar mesmo quando ainda não tenha concluído uma tarefa de modo perfeito? Se desiste do perfeccionismo, pode manter mais facilmente um distanciamento das pessoas, coisas e atividades. Torna-se descontraído, e isto também lhe fará ser mais criativo.

Você pode rir dos pequenos erros e dos problemas cotidianos? Rir fortalece seu sistema imunológico. Rir libera os hormônios da felicidade e atenua o medo, a tristeza e a dor. Ria um pouco, quando lhe acontecer um infortúnio. Com um sorriso você pode se descontrair. Entenda bem: sorria com carinho de seus pequenos erros. Não se ridicularize diante dos outros. Tampouco se torne cínico. Se pode rir de você mesmo, isso exprime sua autoconfiança. Isso o torna quase invulnerável até mesmo aos fracassos. Sorria também abertamente. É bem melhor do que contorcer o rosto por causa de uma pequena falha.

Resista a qualquer perfeccionismo

Gostaria de se prevenir contra qualquer crítica através da perfeição? Perfeccionistas pensam principalmente em seus possíveis fiascos. Não querem falhar de modo algum e estão como que possuídos pelos esforços para evitar que isso aconteça. Têm apenas seus erros, problemas e insuficiências na cabeça. Com isso esquecem totalmente suas capacidades. Não vêem que podem ampliar seu conhecimento e aprender mais com os erros.

Liberte-se do perfeccionismo. Ele não lhe permite nenhum erro e nenhuma mediocridade. Se você se obriga à perfeição, bloqueia sua criatividade, porque avalia imediatamente cada passo de forma crítica.

Aqui vale o lema: "Quem tudo quer tudo perde". Por quê? Com o perfeccionismo dificultamos o nosso próprio caminho. Desejamos evitar os fracassos a todo custo. E deixamos de realizar uma atividade para não fazer nada errado. Só dessa forma acreditamos que podemos proteger nossa autoconfiança combalida com tantas ameaças de críticas. Apesar de nossos objetivos e planos formidáveis pensamos demais em um possível fracasso e em como podemos evitá-lo. Com esses pensamentos dificultamos a nós mesmos um possível progresso. Resultado: fica-se preso na armadilha do fracasso. Substitua essa espiral negativa do fracasso por uma espiral positiva do sucesso. Realize seus objetivos elevados passo a passo, sem com isso dramatizar possíveis erros.

Não fique protelando tudo!

Você gosta de adiar as realizações importantes? Com isso você solapa a sua autoconfiança! Através de seu comportamento esquivo você não pode ter nenhuma experiência construtiva. As outras pessoas logo o avaliam como uma pessoa em quem não se dever ter muita confiança. Reflita: se você, por medo da crítica ou do fracasso, não faz alguma coisa, você renuncia a aprender com os erros e a continuar a desenvolver sua personalidade. Você engana a si mesmo o tempo todo com supostas boas razões e sempre novas desculpas para a protelação de realizações importantes. Muitas pessoas sonham em poder se revelar de modo grandioso no momento certo. Por esse motivo, não gostariam de se prejudicar com uma ação precipitada. Isso pode ser bem-intencionado, mas não leva adiante. Boas intenções por si mesmas não são o bastante quando agir já teria sido há muito esperado. De preferência, dê o primeiro passo para alcançar seu objetivo. Não há nenhum sucesso se você não fracassa apenas porque não encarou o desafio.

Cometa um pequeno erro de propósito

Você tem dificuldade em correr o risco de cometer um pequeno erro? Seja "amigável" com o erro. Demonstre coragem pelos seus pontos fracos. Supere seu medo de passar vergonha ao dispor-se a cometer um pequeno erro. Se cometer um erro intencional não mais terá receio de possíveis críticas. Afinal você as provocou de propósito. Deixe-se surpreender: na maioria das vezes ninguém o criticará. Assim você pode reconhecer que dá importância demais a si mesmo. Há um ditado que diz: "Cometer um erro é amargo. Mas ainda mais amargo é reconhecer o quanto não somos importantes quando ninguém o percebe".

Você não gostaria de jeito nenhum de ser criticado ou rejeitado? O seu lema é "não ser notado de forma constrangedora"? Então você pode se voltar contra isso ao arriscar-se a cometer um pequeno erro em um ensaio ou em uma ocasião importante. Com isso você aprenderá a suportar melhor seu medo da crítica. Se você ainda gostaria de experimentar isso na realidade, imagine uma situação desse tipo em sua fantasia. Faça imagens realistas de uma cena desse tipo a fim de se acostumar com isso.

Você se torna forte quando confessa abertamente suas fraquezas. Não precisa se envergonhar por estar sujeito a cometer erros. Poderá aprender e trabalhar muito mais relaxado se aceitar seu medo de cometer erros. Sem alguma tolerância ao erro não podemos de modo algum pensar ou trabalhar de modo criativo. Sua autoconfiança aumenta e cresce a cada sucesso, apesar dos possíveis erros. Você não tem de ser sempre superbem-sucedido para vivenciar a si mesmo como competente.

Estude para uma prova apenas o bastante, para com grande probabilidade não ser reprovado. Resista à necessidade de compensar um fiasco com as melhores notas possíveis. Convença-se de que tem de realizar o desempenho exigido. No entanto, você não precisa provar o tempo todo que o conseguirá da melhor forma.

Supere com êxito um fracasso real

Você está deprimido por causa de uma derrota que teve conseqüências graves? Está sendo obrigado a aceitar uma queda de nível profissional? Superar uma catástrofe financeira? Seu relacionamento acabou? Um fracasso desse tipo é muito mais do que um pequeno fiasco. Acontecimentos negativos na profissão, feridas em relacionamento ou problemas na educação dos filhos não se deixam colocar de lado com provérbios positivos. Quando o grande sonho de vida ou um projeto financeiro não dá certo, ditos populares como "depois da tempestade vem a bonança" nos consolam muito pouco. Sentimos que o nosso sofrimento não é levado suficientemente a sério quando alguém nos recomenda: "Há males que vêm para bem". Muitas vezes ficamos irados com razão quando alguém nos dá como conselho: "Você tem de se perguntar que nova porta se abre quando uma fecha". É algo que persiste enquanto ainda não nos reorientamos realmente.

Você conhece a expressão "crise da meia-idade"? Ela define uma crise no meio da vida. Temos a impressão de que em nossa vida até então não pudemos conseguir nada daquilo a que nos propusemos. Não acreditamos mais que isso ainda seja possível alcançar. Vemos ao nosso redor oportunidades perdidas e estagnação profissional. Observamos de maneira crítica como nos tornamos mais velhos e nossos desempenhos físico e mental diminuem. As mudanças em nossa aparência nos causam aflição. Todas estas evoluções, em conjunto, nos dão a sensação de já não sermos bons o bastante. Você já está em uma idade em que esse tipo de pensamentos fica se revolvendo em sua mente?

Você persegue insistentemente objetivos irrealistas? Confesse: algumas de suas pretensões já não fazem sentido, apenas consomem suas energias. Reconheça o seu fracasso, mesmo quando se tratar de um ponto central em sua vida. Não minimize o fato de que você tenha naufragado. Você mostra a sua dimensão real quando interrompe prematuramente um projeto que traz prejuízos, ou termina um relacionamento repleto de sofrimentos. Um "mau final" é melhor do que "nenhum final". Isso não é nenhum sinal de fraqueza. Não mantenha uma situação apenas por princípio, porque tem medo, medo de perder o moral. Na maioria das vezes os esforços e os resultados não possuem nenhuma relação de adequação. Agüentar teimosamente é um entender equivocado a fidelidade a si mesmo ou às outras pessoas. Não se deixe enredar por idéias ultrapassadas de persistência e constância.

Confesse a si mesmo com serenidade: "Eu cometi um erro, eu me enganei ao seguir aquele caminho". Liberte-se de objetivos inalcançáveis. Só então você poderá de fato orientar-se novamente. Liberte-se dos conteúdos de sua vida que são importantes mas que não possuem perspectiva, e lamente-se tão intensamente quanto lhe pareça necessário. Sem trabalhar o luto você facilmente cairá em uma depressão paralisante. Quando necessário, mostre-se forte ao modificar suas perspectivas.

Resumo: o fracasso só é uma chance para um bom recomeço quando você também pode confessá-lo a si mesmo. Como pessoa você é mais do que a soma de seus projetos de vida que vieram abaixo.

Passo 11: Fortaleça a sua auto-estima – A chave para o sucesso

Eu sou o que eu sou, e isso é tudo o que eu sou.
Personagem dos quadrinhos e de desenhos animados Popeye

Diante de um desafio confie em si mesmo e em sua capacidade. Tome consciência de seus pontos fortes e de seu potencial. Não se julgue incapaz e inferior. Reconheça o valor de sua pessoa. Dessa forma você não dependerá dos elogios nem da aceitação das outras pessoas. Então você será livre, para fazer ou não, aquilo que preferir.

Dê valor a si mesmo em vez de criticar-se

Você gosta de se criticar? Você se elogia apenas em raras ocasiões? Então deixe se desafiar pelo seguinte exercício. Coloque-se diante de um espelho e diga a sua imagem refletida: "Eu me aceito"; "eu posso ser do jeito que eu sou". Aceite-se – independentemente daquilo que você é e do que você não é. Deixe de lado o que você pode e o que não pode. Aceite-se de forma incondicional. Mas isso não quer dizer que você tenha de aceitar permanentemente suas fraquezas e deficiências. Esse modo de pensar lhe dá forças para mais tarde poder se transformar.

Tenha seus pontos fortes e suas capacidades diante dos olhos, quando for colocado diante de um desafio. Anote de forma detalhada o que você já pode realizar bem. Anote também seus argumentos para o porquê de ver boas perspectivas de êxito na execução de tais tarefas. Leia seu relato positivo repetidas vezes, principalmente quando estiver mais uma vez criticando-se em excesso.

Seja amigo de si mesmo

Você está brigado consigo mesmo e com sua história de vida? Faça as pazes com as porções pouco estimadas de sua pessoa, e você poderá desenvolver com muito mais facilidade os seus lados positivos. Pense com simpatia e de forma menos crítica a respeito de si mesmo. Não deixe o seu crítico interior tomar a palavra; ele jamais estará satisfeito com nada ("veja só, mais uma vez cometeu um erro bobo"). Não dê nenhuma chance ao perfeccionista que traz dentro de si: ele está sempre apontando para os mínimos riscos ("você ainda não está bem o suficiente para essa apresentação"). Também não permita que seu cético interior dê o tom – ele só faz questionar tudo ("não é muito difícil para você?"). Lembre-se, em vez disso, de suas experiências positivas e dos êxitos que granjeou até agora, ative a sua auto-estima. Diga-se, por exemplo: "Eu já melhorei um pouco nos esportes", em lugar de: "Nos esportes sou um zero à esquerda".

Não use de ironia nem de cinismo ou de sarcasmo consigo mesmo. Com isso você só se prejudica. Com frases do tipo "só eu mesmo!" ou "eu sempre cometo algum erro" você continua com uma atitude negativa. E então você tem dificuldade de encontrar uma saída para o dilema. A autocrítica pode incentivar o seu desenvolvimento pessoal; porém ela não deveria nem lhe paralisar nem lhe desmotivar.

Não se critique constantemente segundo o lema: "Todo aquele que se humilha será exaltado". Com isso você só faz desvalorizar a si mesmo, para desarmar os outros e antecipar-se à crítica alheia. Você se desculpa por supostos desempenhos ruins? É essa a maneira que você tem para amenizar seus sentimentos de culpa, suscitados por um perfeccionismo inalcançável? Com frases do tipo "eu já joguei melhor, hoje não fui realmente bom" você desvaloriza qualquer elogio. E com o passar do tempo aborrece as pessoas. Ao agir assim você mostra que não pode aceitar uma aprovação.

Com a autocrítica você se torna vulnerável à crítica de estranhos

Você é o crítico mais ferrenho de si mesmo? Isto faz de você ainda mais receptivo às críticas de parte das outras pessoas. Não se compare o tempo inteiro com elas. Seu referencial de valores deve ser constituído por seus próprios objetivos e possibilidades. O que é importante para você, independentemente do que as outras pessoas pensam de você? Você gosta de si próprio, mesmo quando vivencia a crítica e a rejeição de outros?

Se está sempre a pensar nos concorrentes, nos competidores e nos colegas, aceitará ainda mais facilmente suas diretrizes e seu comportamento. Você logo se sentirá invejoso ou inferior. Pessoas com fobia social sentem medo do julgamento crítico dos outros. Identifique e trabalhe os parâmetros de julgamento que lhe são cruciais para evitar ou superar uma fobia social. Quem dita os critérios do que é certo, bom, normal, capaz, bem-sucedido? O quanto você compara seus próprios critérios de avaliação com o das pessoas que o cercam? Você aceita valores e normas sociais sem críticas e sem reflexão?

Na maioria das vezes não gostamos de ser diferentes dos outros. Ser diferente dos outros, destacar-se entre eles – é algo que sentimos como ameaçador. Quando nos ajustamos aos nossos semelhantes compartilhamos de suas opiniões, temos a sensação de... fazer parte. Porém, pagamos um preço alto: desistimos de nossa identidade em favor dos outros. É melhor dizer conscientemente a si mesmo: "Neste ponto eu sou diferente das outras pessoas e quero continuar conscientemente diferente. É exatamente isso que faz a minha individualidade".

Autoconfiança não significa que você deva se sentir o "bambambã". Você também não tem de ser o melhor em tudo. Isso já seria uma forma exagerada de autoconfiança. Pessoas autoconfiantes são conscientes de si mesmas. Elas conhecem as suas capacidades assim como as suas fraquezas. Se você se conscientizar de seus desejos, de suas necessidades e de sua capacidade momentânea de desenvolvimento, e aceitá-los, você conseguirá com isso uma base ideal para um sentimento de autoconfiança saudável. Essa é a melhor maneira de evitar a sobrecarga e a Síndrome de Burnout.

Diante de seus medos do fracasso, torne-se consciente do que tem valor para você, independentemente desse ou daquele desempenho. Se consegue se livrar do peso da pressão pelo êxito, você pode conseguir realizar com êxito o desempenho exigido – exatamente porque você já não o ambiciona de forma obstinada. E o segredo: não se deixe resumir à equação "ser capaz de desempenho = ter valor".

Você não precisa ter medo algum do fracasso se admite para si mesmo que não pode mesmo fazer determinadas coisas. Nem todos somos excelentes dançarinos ou esquiadores, bons motoristas, palestrantes encantadores. Talvez você não queira mesmo aprender tanto. Assuma isso – ou veja-se como pessoa que deseja aprender e que, por estar começando, não precisa temer a crítica. Todo mundo algum dia já fez alguma coisa pela primeira vez e não era bom nela desde o começo.

Ao defrontar-se com um novo desafio esteja certo de que: você é bom em sua especialidade, mesmo que no momento sinta-se tenso física e psicologicamente. Não há nenhum motivo para ter medo do público. Auxilie a si mesmo ao dizer: "Eu sei que sou profissionalmente bom. Apenas pareço exteriormente inseguro e nervoso".

Aprenda a valorizar mais a si mesmo, e oriente-se no chamado modelo "voltado para as capacidades". Segundo este modelo você possui mais possibilidades de desenvolvimento em seu interior do que acredita. Reflita: que capacidades você tem? Quais delas você pode combinar? O que vai bem, apesar de tudo? Como está a sua auto-avaliação?

Desista do modelo de déficit. Pare de se ocupar o tempo inteiro com seus lados negativos e se desvalorizar. Pare de pensar: que falhas, fraquezas, faltas e deficiências eu possuo?

Resumo: se você não mais se acha inferior, você não tem mais receio que outras pessoas o julguem inferior. Se você mesmo se acha merecedor de estima, não precisa temer que os outros o rejeitem.

Passo 12: Pró-ativo em vez de vítima – Aja em vez de lamentar-se

Não é porque as coisas sejam difíceis que
não as ousamos. Pelo contrário: é porque
não as ousamos que elas são difíceis.
Sêneca

Você sempre vê a si mesmo como vítima de circunstâncias desfavoráveis ou de uma infância ruim? Use suas chances! Tome sua vida ativamente nas mãos. Molde o seu futuro. Inicie-se em sua tarefa de forma ativa e aja objetivamente. Diante de um desafio não recaia no comportamento de sua infância, com suas experiências desagradáveis. Prefira ter suas possibilidades diante dos olhos como pessoa adulta que é.

Transforme-se de vítima em criador

Você gosta de pôr a culpa por suas deficiências e erros nas pessoas de sua infância e de sua juventude, pessoas que estiveram perto de você na escola? Quando você poderá parar de ter pena de si mesmo o tempo todo, em função de sua história de vida? Não procure pelos bodes expiatórios para seus medos de fracassos, nem em pais nem em professores. Através de sua atribuição de culpa, aí mesmo é que essas pessoas recebem poder sobre a sua vida atual. Realize seus objetivos em vez de inventar sempre uma justificativa sobre quem poderia ser culpado pelos seus fracassos.

A responsabilidade pela sua vida, pelas suas fraquezas e pelos seus fracassos pertence a você. Assuma isso! Faça o melhor de sua vida sem pôr a culpa nos outros e sem se isentar com uma desculpa barata. Se você vivencia sempre a si mesmo apenas como vítima, você renuncia à influência e ao controle. Se sempre se lastima, compadece-se de si próprio e acusa os outros, você se sentirá sempre desamparado.

Você pode perfeitamente lamentar o que perdeu em função de suas circunstâncias de vida. Porém hoje você é adulto e tem possibilidades, que não lhe estavam à disposição quando criança impotente. Use as suas chances atuais! Saia da jaula do passado! Ela lhe mantém prisioneiro de seus modelos antigos. Saia para a liberdade do presente! Hoje você pode agir de maneira diferente da do passado. Nunca é tarde demais. Você pode começar a mudar alguma coisa a qualquer momento. Se, no entanto, você se ocupa tão-somente do porquê de não poder fazer alguma coisa, não fará progressos.

A maneira como vivencia o seu cotidiano é decisiva: você acredita ter um certo controle sobre a situação? Ou receia estar à mercê dos fatos? Gostamos de nos ver como vítimas das circunstâncias, por exemplo, em provas ou em apresentações diante de um público. Assim, assumimos com facilidade uma atitude passiva de vítimas. Ao assumir, pelo contrário, um papel ativo, nós mesmos modelamos nossa vida e a tomamos em nossas mãos. Então fazemos o melhor valendo-nos de uma situação. No papel de vítima temos a sensação de que alguma coisa acontece conosco sem que tenhamos nenhuma influência sobre ela. Sentimo-nos entregues ao julgamento das outras pessoas.

No papel de vítima, nosso reflexo de fuga de "melhor dar o fora!" é ativado. Através dele nosso corpo se retesa desagradavelmente. De preferência gostaríamos de correr, o que na maioria das vezes não é possível. Esquecemos, muitas vezes, que podemos escolher livremente entre ficar e fugir. Reflita: você mesmo decide se modificará o espaço que lhe foi dado, ou se o aceitará. Não se esqueça de que trabalha para alcançar um objetivo determinado. Se, e de que maneira o alcançará, depende de seu empenho.

Abandone seu papel de vítima e comece a moldar sua própria vida. Não se deixe determinar totalmente pelas circunstâncias e pelas outras pessoas nas situações de desempenho. Configure você mesmo a situação. Siga o lema: agir em vez de reagir. Influencie você o decorrer das coisas em vez de sentir-se desamparadamente entregue às circunstâncias.

Você gosta de sonhar em como seria bom se as circunstâncias fossem diferentes? Ora, isso não leva a nada! Comece a modificar o necessário, para que algumas coisas possam ser diferentes. Crie coragem para um novo começo. Não continue a apresentar o passado e as pessoas com quem outrora conviveu como causa do porquê de você hoje não poder fazer nada.

Viva de sua energia atual

Você se sente em determinadas situações como se de novo fosse uma criança? Você se sente então como outrora, quando esteve entregue à crítica de seus pais e de outras figuras de autoridade? Em todos os desafios possíveis, de repente, sem que tenhamos consciência disso e sem que o desejemos, vêm a nossa cabeça lembranças da infância. Pensamos sobre como nossos pais ou professores exigiram demais de nós ou nos humilharam. Sentimo-nos inferiorizados e subjugados da mesma forma que outrora. Isso nos bloqueia hoje, quando queremos realizar grandes desempenhos – porque vivenciamos com nossos sentimentos mais uma vez as mágoas, as decepções e as humilhações de ontem.

Observe a si mesmo: você se sente, através de seus sentimentos diante de seus superiores ou examinadores, deslocado de volta a sua infância? Comporta-se diante de autoridades da mesma forma que diante das pessoas que antigamente lhe foram um referencial? Pois veja as pessoas com quem você tem de lidar atualmente de forma realista! Com isso você evita as transferências do passado. Procure descobrir: em que as pessoas a cuja avaliação você está sujeito agora lembram o seu passado?

Identifique os padrões que se fixaram em você na infância e na juventude. Lembre-se de suas raízes no passado. Mas não arraste esse peso todo o tempo com você. Conscientize-se de que você pode crescer a partir daí, com a sua própria energia.

Viva no presente. Não deixe que as experiências passadas determinem seus pensamentos, sentimentos e comportamentos do presente, como se você não estivesse absolutamente neste momento com suas chances atuais. E, pelo contrário, diga a si mesmo: "Tenho 29 anos. Dez de experiência profissional competente. Sei que superarei a tarefa que tenho pela frente porque muitas vezes já dei conta, com êxito, de situações semelhantes".

Conscientize-se de sua idade de fato e de suas capacidades acumuladas ao longo dos anos. O que vê de positivo em você? O que está indo bem? O que os outros valorizam em você? O que você pode agora que antes não podia?

Resumo: seja consciente de sua idade real e atue de forma correspondente. Use suas capacidades de adulto, sem se deixar afetar pelas lembranças negativas da infância. Ative todas as possibilidades da personalidade que tem hoje.

Pergunte "para quê?" em vez de "por quê?"

Você pensa muito sobre o *porquê* de alguma coisa ser como ela é? Perguntas que se remetem ao *porquê* nos auxiliam a entender melhor alguma coisa. Elas se pautam pelo problema e questionam suas causas – não as soluções possíveis. Algumas perguntas características são, por exemplo: "Por que eu sou como sou? Por que tenho tanto medo do fracasso?" Com perguntas que questionam "*para quê?*" você procura pelo objetivo. Busca as possíveis soluções. Os dois tipos de questionamento são importantes. No entanto, nós lhes atribuímos pesos diferentes – aliás, também nas psicoterapias. Muitas pessoas questionam em uma psicoterapia muito mais o "*por quê*" do que o "*para quê?*" e o "*para onde?*"

Para qual dessas direções você tende mais: para as perguntas sobre o *porquê* ou para as perguntas sobre o "*para quê*?" Procura pelas causas ou pelas soluções? Quanto mais se prender às perguntas sobre o *porquê*, mais girará em círculos. Em vez de olhar para o futuro, você se volta para o passado. Com isso, você reforça sua atitude de vítima: "Sou assim hoje porque isso e aquilo antes foram assim". Questione antes o "*para quê?*" e o "*para onde?*" Direcione o seu olhar para seus planos e para a realização deles. As perguntas que questionam o "*para quê?*" o motivam a procurar as soluções para os problemas; elas o encorajam a moldar sua vida. Com perguntas instigantes sobre o *porquê* você certamente se desvia, e muito bem, das necessárias perguntas sobre o "*para quê?*" Mas considere: você não pode mais mudar aquilo que já aconteceu. Contudo, tem a chance de moldar o seu futuro se fizer agora as perguntas certas.

Passo 13: Solilóquios construtivos – Encorajar a si mesmo

Aquele que pode falar consigo mesmo não
sentirá falta da conversa com os outros.
Cícero

Fale consigo mesmo da maneira como gostaria que os outros falassem com você. Fale gentilmente e de forma construtiva consigo mesmo. Incentive-se através do diálogo interno, como se fosse você o seu próprio treinador. Tome notas de como você pensa e fala consigo mesmo antes e depois de uma situação de desempenho. Em conseqüência, modifique seu diálogo consigo mesmo de tal forma que esse diálogo o apóie, em vez de inibi-lo em seu caminho para o êxito. Se você fala internamente consigo mesmo de outra maneira, agirá de outro modo.

Falar consigo mesmo de maneira construtiva faz ter êxito

Alguma vez você já pensou que você é o mais importante interlocutor de si mesmo? Ninguém fala diariamente tanto com você, quanto você mesmo. Você mantém diálogos internos consciente e inconscientemente durante todo o tempo. Você dá instruções a si mesmo sobre o que deve e o que não deve fazer. Falar consigo mesmo ameniza o estresse; os solilóquios o auxiliam a classificar seus pensamentos e seus sentimentos. Conversar consigo mesmo o mantém em forma; estas conversas o mantêm em forma, otimizam sua concentração e a memória.

As pessoas que falam consigo mesmas têm maior capacidade de desempenho do que as que não o fazem. Ao executar tarefas mais difíceis você de repente começa a falar a meia voz consigo mesmo? Uma conversa interior o ajuda a lidar mais atentamente com as tarefas novas e difíceis. Observe como você conversa consigo mesmo, antes e depois de uma situação de desempenho. Programe-se para o sucesso através de seu diálogo interno. Quando se tem medo de fracassar, na maioria das vezes rebaixamos a nós mesmos por meio de auto-instruções negativas. Identifique e modifique esses pensamentos que suscitam o medo e essas conversas interiores negativas.

Quando desistimos de alguma coisa, primeiro nos resignamos em pensamento, e então jogamos a toalha. Isso é conhecido no esporte: as conversas interiores voltam-se para a direção errada antes que alguém desista de fato. Antes que as forças o abandonem, a pessoa em questão diz para si mesma: "Não faz mais nenhum sentido, eu não consigo". Os métodos psicológicos de treinamento auxiliam os atletas em uma competição a se encorajarem com solilóquios e, com isso, a suportar mais. Atletas bem-sucedidos dizem a si mesmos o que os pode ajudar a manter firme a sua motivação de desempenho. Permanecem em pensamento atrelados a seus objetivos e desempenhos realistas.

Formule sua conversa interior da maneira certa

Você se convence muito mais de seus fracassos do que de seus êxitos? Nós gostamos de tentar superar "de modo primitivo" os grandes estresses: recaímos nos padrões negativos de outrora. Por esse motivo precisamos treinar intensamente atitudes de auxílio, antes que o inconsciente tome as rédeas. Podemos construir nossa autoconfiança com qualquer auto-afirmação positiva. E, ao contrário, qualquer auto-instrução que contenha medo enfraquece nossa capacidade de ação.

Modifique suas conversas consigo mesmo! Mantenha diálogos internos positivos e prepare a si mesmo para o respectivo desafio. Formule seus pensamentos de maneira positiva – abandone o caminho dos pensamentos negativos. Em vez de "você nunca vai conseguir", o seu lema deve ser: "Eu vou tentar de toda maneira. Tenho chances de conseguir". Em vez de "com certeza não dará certo" motive a si mesmo com: "Não importa o que aconteça, eu vou dar a volta por cima, porque até agora de um modo ou de outro consegui tudo". Ao contrário de "se eu sentir medo, me distrairei" diga a si mesmo: "Eu posso suportar este medo".

As auto-instruções positivas são conhecidas sob diferentes denominações:

- como "afirmações" (autofortalecimento);
- como "formação de propósitos formais" no treinamento autógeno;
- como "auto-sugestões" na área da auto-hipnose.

Formule suas auto-sugestões positivas segundo as seguintes normas básicas:

- frases curtas, simples e claras ("eu consigo isto", "eu quero isto, pois eu posso");
- afirmações claras ("farei a prova amanhã, aconteça o que acontecer");
- formulações positivas ("eu me apresentarei com tranqüilidade e segurança");
- formule no tempo presente, como se o comportamento desejado tenha acabado de se apresentar ("estou tranqüilo e relaxado"; "respiro com calma e de maneira cadenciada"; "eu suporto o medo").

Faça experimentos com essas afirmações, e escolha então umas poucas, porém as mais adequadas. Repita-as diariamente várias vezes. Também pode proferir as auto-instruções construtivas em voz alta, para sentir melhor a sua força. Insira todos os seus propósitos em um texto abrangente, e faça uma gravação desse texto com um fundo musical. Dessa forma você pode criar sua gravação pessoal para superar o medo mentalmente. Ouça suas palavras todos os dias, sempre que estiver tenso. Dessa forma você ancora todas as suas auto-instruções positivas em seu subconsciente. Uma gravação repleta de sugestões construtivas realizada em um bom dia pode ajudá-lo em curto espaço de tempo a reportar-se às suas energias positivas.

Retenha também por escrito os pensamentos que o auxiliam em seu "diário do medo", que já contém as análises de seus medos do fracasso. Memorize determinadas palavras-chaves. Se você, por exemplo, está sempre a adiar suas provas, não diga mais a si mesmo: "Eu não vou ser aprovado, por isso não farei a prova". É melhor dar esperanças a si mesmo com o seguinte lema: "Serei aprovado se estudar bastante. Por esse motivo farei a prova sem postergar nem titubear".

Você pode se preparar bem para muitas situações difíceis, com a seguinte auto-instrução: "Eu sei que tenho todas as capacidades e condições para superar bem essa tarefa se eu agora der o melhor de mim".

Mantenha seu diálogo interno com um acompanhante mental

Você se sente totalmente desamparado diante de seus observadores críticos? Um acompanhante pode lhe ser de valia nesse caso. Leve consigo, em todos os seus desafios, um acompanhante interior. Essa pessoa o apoiará na realização da respectiva tarefa. Imagine, por exemplo, aquela pessoa que, pelo que você julga, é a mais capaz de possuir a melhor solução para a tarefa. Deixe-se acompanhar internamente pelas palavras encorajadoras e pelo olhar dessa pessoa tão benéfica. Então você não se sentirá mais tão sozinho e desamparado diante dos ouvintes e dos espectadores. O decisivo nesse conselho é: quando você se lembra de segurança e de proteção suporta com mais facilidade a insegurança diante de um grande público cujas reações você não tem como avaliar.

Com o auxílio de um apoio mental você se concentra mais facilmente naquilo que gostaria de alcançar. Você não pensa mais exclusivamente no que os outros esperam de você e como eles poderiam ficar insatisfeitos com você. Por exemplo, diga a si mesmo antes de uma prova: "O examinador não sabe o que eu sei. Meu companheiro e meus amigos me julgam capaz de ser bem-sucedido. Por isso eu conseguirei tudo". Os atletas encorajam-se diante de uma crítica da imprensa ou de um público cético da seguinte maneira: "Meus amigos e meus pais me amam do jeito que eu sou. Eles me amam nas vitórias e nas derrotas. Eu posso suportar se alguma vez eu não agradar a todos. Muitas pessoas gostam de mim apenas quando tenho sucesso. As pessoas que me são próximas, ao contrário, me amam independentemente de meu desempenho".

Passo 14: Do confronto à comunicação – Diálogo construtivo com o medo

Faça aquilo de que você tem receio, e
o receio terá uma morte certa.
William James

Encare os seus medos: confronte-se conscientemente com os pensamentos, as situações, os sintomas e com as pessoas que lhe fazem sentir medo. Mantenha um diálogo interno com o seu medo. Aproxime-se com coragem de seu medo, e você não estará mais entregue a ele sem auxílio.

Confronte-se com os seus piores receios

Você tem medo de seus medos? De preferência nem gostaria de pensar nisso? Costuma reprimir seus medos de fracasso tão logo eles aparecem? Reflita: o medo vive da atitude esquiva e da fuga. Com isso você dá aos seus medos do fracasso um poder que não lhes pertence. Encare seus receios de fracassar. Para isso, pense na pior coisa com que você tenha de saber lidar. Seu procedimento deverá apresentar cinco etapas:

1) O que poderia acontecer no pior dos casos? Imagine detalhadamente o cenário-catástrofe.

2) O que você faria se o pior realmente acontecesse, para superar esse fato? Imagine como você aprenderia a lidar com a catástrofe.

3) Que probabilidade você atribui à possibilidade de o pior realmente acontecer? Problematize e relativize os acontecimentos da catástrofe.

4) Que meios você teria hoje e agora para evitar a catástrofe tão temida? Dê primeiro passos pequenos que possam diminuir a possibilidade do evento catastrófico.

5) Como você poderia aumentar suas chances de alcançar o seu objetivo? Esforce-se mais para alcançá-lo do que para impedir a catástrofe.

Só porque você tem medos de fracassar em uma situação e espera ter problemas não precisa acontecer uma catástrofe. Por outro lado, um pensamento confiante não significa absolutamente que você possa esperar que tudo se resolva sem problemas. Mas você alcançará seu objetivo com mais facilidade se imaginar os problemas como possíveis de ser solucionados. Seus esforços podem até não garantir o êxito, mas fortalecem a confiança de que você dá o melhor de si para alcançá-lo.

Confronte-se com as situações que provocam medo

Você acha que enfrentaria todas as situações se não tivesse receio da rejeição e do fracasso? Não existe nenhum outro conselho que se possa dar: encare o seu medo de fracassar! Procure encarar todas as situações sem evitá-las. Se você evita o medo, ele se tornará ainda mais forte.

Não se afaste da situação amedrontadora até sentir como o medo, depois de algum tempo, diminui. Quanto mais você se defrontar com uma situação que provoca medo, mais depressa seu corpo se acostumará a ela. Sua razão registra cada vez mais depressa que a situação em questão não é realmente perigosa. Você armazena essas experiências de modo positivo na memória. Com isso, elas se sobrepõem às experiências negativas. E você ganha mais confiança em si quando supera bem as situações que até agora temeu.

Verifique: qual a probabilidade de suas fantasias de horror se tornarem realidade? Lide ativamente com as situações temidas, não as evite! Você só poderá saber quanto seus medos do fracasso são legítimos se não tentar fugir.

Caminhe passo a passo ao lidar com situações difíceis. A maneira mais bem-sucedida de vencer seus medos do fracasso é fazê-lo por etapas. Depois de algum tempo, repita as atividades realizadas com êxito, a fim de reforçar seu novo comportamento.

Confronte-se com seus sintomas físicos de medo

Você se sente incomodado com suas reações físicas em situações amedrontadoras? Nesses momentos nosso corpo está programado para a luta ou para a fuga. Não interprete imediatamente seus sintomas físicos como sinais do medo de não ser bom o bastante, e sim como mobilização física para um desempenho. A mesma energia que lhe permite fugir pode ser usada também para um "ataque".

Aprenda a entender melhor seus estados físicos criadores de medo. Se você conhece os fatos biológicos pode lidar com mais facilidade com esses estados físicos. Os sintomas físicos de seu medo se mostram mais intensos nos minutos que antecedem e também durante a sua apresentação ou seu exame. A excitação diminui tão logo você se acostume com a situação e possa lidar com ela. Quanto menos temer o seu medo, mais depressa desaparecerão os desagradáveis sinais do receio, por exemplo, as palpitações, a falta de ar, a opressão no peito, a náusea, a secura da boca, o suor, a tensão ou a tonteira. Tenha persistência nas situações não costumeiras e angustiantes! Não fuja. E você com certeza sentirá rapidamente o efeito do hábito.

Esforce-se para ter outra atitude em relação aos seus sintomas físicos do medo e com isso torná-los suportáveis. Com isso você não precisará concentrar-se neles o tempo todo. Não lute contra os temidos sinais do medo como tremer, corar ou transpirar. Em vez disso, diga a si mesmo: "Não faz mal que eu fique vermelho quando fico nervoso de um momento para o outro..." ou "eu não me importo de tremer um pouco quando estou tenso". Identifique-se com o seu medo, diga a si mesmo: "Eu posso ser assim, eu posso tolerar isto". Quanto mais você conseguir isso, menos se sentirá como uma vítima – e não mais se deixará intimidar e vencer pelo medo.

Você pode vencer seu medo de fracassar em três etapas, como nos ataques de pânico. As três fases são: deixar-vir, deixar-ser, deixar-ir:

1) Deixe que seu medo do fracasso e todos os sinais desse medo venham até você, sem lutar contra isso. Quanto mais você quiser evitar ou reprimir os sintomas, maior será o medo. Cumprimente o medo como se este fosse um conhecido ou um velho amigo (conforme você preferir). Comporte-se da mesma maneira que se comportaria diante dessas pessoas. Mostre respeito pelo medo. No entanto, siga seu caminho sem deixar que o medo perturbe a sua ação. Vença seu medo como um marinheiro vence as ondas: navegue com ele em vez de lutar contra ele ou refugiar-se na cabine.

2) Deixe que seu medo e seus sintomas existam, sem reprimi-los. Sua aceitação retira do medo todo poder que ele tem sobre você, porque você não o teme mais. Não lute contra o seu medo. Isso lhe dá forças para confrontá-lo de forma consciente. Observe o seu medo sem fugir interna ou externamente dele. Perceba de forma intensa as formas de expressão física de seu medo: como o seu coração bate? Como está a sua respiração, quão tensos estão os seus músculos? Como estão o estômago, o intestino e a bexiga? Sente frio ou calor? Seus pensamentos estão claros? O que aflige você? O que é desagradável ou incomoda? Des-

creva interiormente como você se sente agora, não só física, mas também mentalmente.

Permaneça no aqui e agora de suas sensações momentâneas. Observe seus sintomas por alguns minutos. Eles continuam os mesmos ou se modificaram? Você pode quebrar efetivamente o círculo vicioso do medo se observar seu corpo com interesse, e ao mesmo tempo com distanciamento. Ao fazê-lo, não reprima o medo nem suas formas de expressão. Permaneça no presente, sem fantasias de catástrofe. Soa como um paradoxo, mas: você pode controlar o seu medo, ao permiti-lo, e também aos seus sintomas físicos. Esse é o segredo de como vencer o medo com sucesso: quanto mais você observa seu corpo conscientemente e com interesse, sem influenciá-lo, mais depressa se distanciará dos sinais físicos do medo. Uma vez que está disposto a olhar para o medo e a tolerar todos os seus sintomas com serenidade, sem lutar contra eles, o medo perde seu poder de aterrorizá-lo. Integre conscientemente o medo e seus sintomas em sua vivência. Não a fragmente mais por puro medo de perder o controle. Você é livre para trabalhar e alcançar seus objetivos que lhe são importantes.

3) Deixe o medo e seus sintomas irem embora por si mesmos. Não retenha o seu medo ao lutar contra ele todo o tempo. Ele desaparecerá mais depressa do que você pensa. A tensão que restar você a conseguirá suportar com facilidade. Como você aceitou seu medo e ao mesmo tempo o dominou sem ter lutado contra ele não precisa se preocupar em saber se ele de fato foi embora ou se voltará.

Fale com as pessoas que lhe inspiram medo

Você tem medo de ser rejeitado pelas pessoas? Fale conscientemente com essas pessoas antes que elas falem com você. Aproxime-se de seu chefe ou de suas colegas de trabalho, muito embora você tenha um pouco de receio de ser criticado.

O confronto com os medos de fracasso também significa, sempre, comunicação. A confrontação nesse caso é diferente, por exemplo, daquela do medo de determinados locais (agorafobia), na qual você se coloca nos lugares temidos. No caso dos medos de fracasso, ao contrário, você se envolve em uma relação com o seu ambiente social, e este você remodelará com suas capacidades comunicativas.

Conhecimento e perfeição técnica por si mesmos não são suficientes para impressionar o seu público. Antes de tudo é o carisma da pessoa que empolga os ouvintes. É antes de mais nada por meio desse encontro, único, que um discurso, uma apresentação ou um evento se transforma em uma experiência especial.

Se você tem medo de público, conscientize-se que afinal de contas o que você tem é medo dessa relação. Você também não pode, mesmo com muito treinamento, transformar sua relação com o público em uma ação rotineira e livre de medo. Se você de fato pudesse reprimir a autenticidade e a espontaneidade de sua pessoa, isso significaria, em toda a acepção da palavra, a morte de uma experiência excitante para você e seus ouvintes.

Tenha em mente que durante as palestras ou conferências e apresentações você não está diante de uma massa uniforme ou de uma manada hostil de críticos. Seu público é composto de pessoas individuais, que entre si são totalmente diferentes. Todas têm suas próprias idéias, pensamentos, desejos e sentimentos. Algumas o apreciarão mais, outras menos. Reflita: você nunca poderá agradar a todos, porque cada um é diferente e deseja uma coisa diferente.

Dialogue com o medo

Tenha um diálogo frutífero com seu medo. Pergunte ao seu medo por que ele não o deixa em paz. O que ele quer de você? Como você pode conviver com ele de maneira construtiva? Reconheça seu medo como parte de sua pessoa. Integre seus temores com o auxílio de uma conversa confiante, em vez de separá-los de si mesmo. Agradeça ao seu medo de fracassar, por todas as informações que possam lhe auxiliar. Mas deixe claro ao seu medo que você não mais se deixará intimidar por ele. Deixe claro que você não se desviará de seus objetivos.

Sinta a parcela de você que, com coragem e confiança, se atreve a entrar em contato com a sua parte amedrontada. Dessa maneira, ao admitir seu lado medroso, você descobrirá que não é fraco. Também não é o caso de estar sempre carregado de energia se quiser se identificar com seu lado forte.

Passo 15: Seja você mesmo em vez de representar um papel – Comporte-se de modo espontâneo e autêntico

Nada nos impede mais de sermos naturais
do que o desejo de parecer sê-lo.
François de la Rochefoucauld

Seja verdadeiro em suas atuações. Mostre-se exteriormente, do jeito que você é, e como você se sente. Seja autêntico, permaneça fiel a sua essência. Não represente nenhum papel que não seja adequado a você. Não se dissimule por ter tanto medo do público. Em suas atuações não se prenda a modelos de comportamentos pré-fabricados. Permaneça relaxado e espontâneo.

Use a força de sua espontaneidade para agir

O que você acha de um programa de treinamento em que você possa aprender a ser bem aceito pelos outros? Está em moda fazer um curso para tudo. Um certificado deve supostamente garantir o sucesso profissional. Diante das muitas sugestões inúteis para mudanças de atitude e de comportamento, também na leitura deste livro há um ponto que você deveria observar com atenção: não confie tanto nas técnicas, mas antes em suas capacidades individuais. Dessa forma todos os exercícios recebem antes de mais nada a sua característica pessoal.

Não se esconda por trás de truques aprendidos e de estereótipos idiomáticos. Deixe sua personalidade ser apreciada do jeito que ela é. Afinal, é a si mesmo que você "vende" em suas atuações – não é qualquer coisa. Se você é bem-sucedido nisso, você age segundo a canção que tão bem conhecemos na voz de Frank Sinatra: "I did it my way".

Tenha confiança de que a sua característica pessoal o torna simpático e convincente em cada apresentação ou exame. Mostre a sua personalidade. Viva em harmonia com aquilo que você sente e com o que deseja para si mesmo. Não finja para os outros ser alguma coisa que você não é e, aliás, ninguém acredita que você seja. Fingir custa muita energia e bloqueia suas capacidades criativas.

Você será então muito mais bem-sucedido se se dedicar por inteiro ao papel que lhe é característico. Isso você não conseguirá se agir segundo estereótipos aprendidos. Não treine a si mesmo a esconder seu próprio ser. Pelo contrário: use-o como uma chance de se comunicar de maneira mais intensa. Quanto mais você quiser regular e controlar seu comportamento, menos autêntico será o efeito alcançado – menos você se imporá. Se você é tímido e tem medo da rejeição, não faz sentido querer tornar-se um orador genial ou uma oradora brilhante. Pense, pelo contrário, em sua capacidade de usar poucas palavras: cada uma de suas palavras é uma afirmação apropriada.

Sua expressão é mais importante que seu efeito

Podemos distinguir entre competência de efeito e competência de expressão. Na competência de efeito mostra-se o seu efeito sobre as outras pessoas. Você pode melhorar esse efeito em treinamentos de comunicação. Uma atuação desembaraçada, um discurso inteligente e estratégias eficientes para vender melhor um produto são, com certeza, muito importantes em determinadas profissões. No entanto, só com isso você não supera de todo os seus medos de fracasso.

Sua competência de expressão é decisiva. Ela depende de que você seja autêntico e espontâneo. Essa é a melhor maneira de fazer sua personalidade sobressair.

Muitas pessoas ficam no dilema: "Eu quero muito me apresentar, mas tenho medo de um fracasso" ou "gosto de ser o centro das atenções, mas na hora de se apresentar eu preferiria cavar um buraco e me escafeder pra dentro dele". Para esse tipo de pessoas os treinamentos de comportamento soam em geral muito promissores. Esses treinamentos lhes dão a esperança de que poderão controlar seu medo de cometer pequenos erros ou de fracassar totalmente. Mas reflita: esse tipo de programa de treinamento só é bem-sucedido se efetivamente o auxilia a expressar sua essência individual. Esta, a expressão da essência individual, é ao mesmo tempo a resposta ao freqüente questionamento sobre se um treinamento de comportamento é bom ou não. Se você, com um treinamento puder se apresentar melhor como pessoa, ele o auxiliará. Se as maneiras comportamentais recomendadas limitarem a sua expressão pessoal, você não terá um efeito melhor sobre os outros. Se somos inexperientes, é compreensível que queiramos nos agarrar a alguma coisa. Procuramos uma muleta que nos dê a segurança para nossa atuação. Procure o apoio em si mesmo. Não confie tanto em apoios externos ou em padrões de comportamento convencionados.

Durante nossa existência exercemos diferentes papéis. Somos pai ou mãe, filho ou filha, parceiro ou bom amigo, empregado ou empregador, atuamos na área médica, social ou pedagógica. Cada um desses papéis vive do quão bem os preenchemos com nossa pessoa. Para isso temos o hábito de observar as regras e as recomendações preestabelecidas. Contudo, toda pessoa incorpora cada um desses papéis de maneira diferente, porque cada uma delas é única. Isso vale também para os papéis que exercemos como chefe, gerente, vendedor, palestrante, atores, músicos ou atletas.

Passo 16: Alterne estresse e repouso – A sua capacidade de desempenho persistirá

> *Sem tempo para o repouso nossa vida se transformará em um simples fazer sem equilíbrio no ser.*
>
> Tony Schwartz & Jim Loehr

Construa para si mesmo um ritmo de vida e de desempenho que lhe faça bem. Alterne regularmente, e no momento certo, entre tensão e relaxamento. Se se empenhou muito para realizar algo, permita-se, ao finalizar, uma fase correspondente de descanso. Uma tensão contínua esgota suas energias e faz com que você adoeça. Lazer e repouso demais, por outro lado, impedem o necessário desenvolvimento de energia; e você não é exigido o bastante.

Alternação rítmica da tensão e do relaxamento

O que faz com que atletas campeões e os executivos sejam bem-sucedidos por um longo prazo? É a alternância sistemática entre uma disposição acima da média para o desempenho e o estresse maximizado, por um lado, e, por outro, as fases de repouso necessitadas e adequadas. O estresse então só nos faz adoecer quando nós não podemos controlá-lo e quando desprezamos nossa necessidade de regeneração.

Você só consegue alcançar certos objetivos se usar todas as suas forças. Para isso você precisa ultrapassar seus limites normais e usar ao máximo sua energia. O sucesso é um trabalho duro. Para alcançar essa meta você precisa de pausas para a recuperação. Preste atenção ao equilíbrio correto entre consumo de energia e reposição de energia. Os atletas olímpicos sabem que o repouso sucede ao estresse, a tranqüilidade à atividade, o lazer ao trabalho. Não adie a reposição necessária de energia para uma ocasião em que seja muito tarde para isso. Então, você já estará sob a ameaça de um total esgotamento físico e mental. Esse problema não é exclusividade dos atletas que treinam demais, mas é também o de muitos profissionais.

Você acha que sua reserva de energias é inesgotável? Por esse motivo você julga qualquer trabalho e qualquer pessoa como mais importantes do que suas próprias necessidades? Se você usa mais energia do que você em seguida repõe, você perde seu entusiasmo. Acabará tendo um colapso, ficará doente, precisará de ajuda. E não poderá dar força a outras pessoas e ser um exemplo. Se você trabalhar todo tempo como um obcecado e estiver sempre à disposição do outro, você corre o risco de um colapso.

Não veja a pausa como um tempo perdido. Faça pausas produtivas. Interrompa no momento certo em vez de continuar a se matar de trabalhar sem uma pausa para descansar. Com isso você corre o risco de cometer erros. Permitir-se um descanso não é nenhum sinal de fraqueza. Sua eficiência só poderá perdurar também no futuro se houver o descanso necessário. O repouso é mais do que a renúncia ao trabalho e ao desempenho. Reponha novas energias ao envolver-se conscientemente com outras dimensões da vida, que não sejam desempenho e obrigações. Reponha energias por meio do esporte e de atividades que produzam bem-estar, *hobbies*, atividades culturais e de convivência com outras pessoas. Mas evite pausas muito prolongadas, pois com isso sua energia diminuirá.

Use suas fontes de energia centrais para o êxito duradouro

Quais são as suas fontes de energia? Onde você se reabastece para enfrentar os desafios da vida com forças renovadas? Um engajamento total só é possível se o seu consumo de energia (estresse) e a sua reposição de energia (repouso) estiverem em equilíbrio com quatro níveis de energia: trata-se aqui da compensação entre os níveis físicos, emocionais, mentais e espirituais que se referem a sua pessoa.

Se você acentua ou despreza demais um nível individual de energia, isso pode ter um efeito prejudicial sobre toda a sua vida. Você só poderá ser bem-sucedido de forma duradoura se estiver fisicamente em forma e concentrado mentalmente. Do mesmo modo, também é importante que você se engaje com os sentimentos e oriente-se espiritualmente em valores que estejam além de seus próprios interesses imediatos. Extraia repetidas vezes sua força de todos os níveis de energia:

1) Preste atenção em sua energia física. Sua capacidade de desempenho diminui intensamente o mais tardar em 90 a 120 minutos a contar do início da atividade. Faça pelo menos uma pausa curta para descanso, de 10 a 15 minutos. Você pode, por exemplo, repor suas energias ao ouvir sua música preferida, dar um pequeno passeio, fazer um lan-

che rápido, tomar algo refrescante ou telefonar para alguém que lhe seja próximo. Pratique uma atividade física regular, faça refeições saudáveis e balanceadas, beba diariamente de 2 a 3 litros de água. Seja sensato ao lidar com estimulantes como o álcool, a cafeína e a nicotina. Deixe o ar sair lentamente de seus pulmões – isso relaxa –, e evite respirar depressa. Durma o suficiente; um período de 7 a 8 horas é tido como o ideal (para as pessoas idosas, pelo menos 6 horas). Em caso de necessidade você poderá reduzir esses ciclos naturais, se estiver diante de um desafio importante. No entanto, em situações normais, até para evitar um colapso, você não deveria funcionar a mil por hora.

2) Preste atenção à sua energia mental. Você só poderá realizar os melhores desempenhos se puder se concentrar e pensar com criatividade. Com certeza você já fez esta descoberta: não raro temos as melhores idéias durante nosso tempo livre; não durante o trabalho. Quanto mais obstinadamente você quer alcançar alguma coisa, menos você consegue. Apenas quando se distancia de seu trabalho, torna-se possível perceber melhor algumas coisas. Você produz mais quando trabalha menos. Em um desempenho ininterrupto a longo prazo você produz cada vez menos. Por quê? Sua energia diminui, você fica cansado e desconcentrado, e com isso acaba cometendo erros com mais facilidade.

3) Estabilize seu potencial de energia emocional. Sentimentos positivos como o contentamento, o entusiasmo, a satisfação e a confiança são fontes importantes para o êxito e para um desempenho de ponta. Reabasteça-se em seu relacionamento a dois e em sua família. Descanse realizando atividades que tragam satisfação sem estresse de desempenho. Se você exige o tempo todo demais de seu corpo e de sua mente, sem se preocupar com o correspondente equilíbrio, se tornará facilmente irritável, deprimido e angustiado. Permita-se sentimentos desagradáveis como o medo, o aborrecimento e a raiva. Aprenda a lidar com

eles. Se você reprime os seus sentimentos, isso lhe custará muita força e energia.

4) Reflita sobre seus valores centrais. De quais convicções e doutrinas você retira a energia para conduzir a sua vida da melhor maneira possível? Quais são os seus valores centrais e suas visões para a sua felicidade particular e profissional? Os valores que se baseiam em uma dimensão espiritual (a crença em um deus ou outras convicções religiosas) atuam como um estímulo, proporcionando-lhe força física, estabilidade emocional e energia espiritual.

Passo 17: Relaxamento físico – Aprenda técnicas de efeito rápido

Aquilo que eleva a alma também é útil ao corpo.
Sêneca

Reduza sua tensão física por meio de técnicas de relaxamento. Entre as mais importantes técnicas de relaxamento encontram-se os exercícios respiratórios, o treinamento autógeno, o relaxamento progressivo dos músculos segundo Jacobson, a ioga e determinadas formas de meditação; o *tai chi* e o *qi gong* também ganham cada vez mais espaço entre essas técnicas.

Como relaxar

Você se sente constantemente tenso devido aos seus medos crônicos de fracasso? O relaxamento é um adversário importante do medo. Se você está relaxado, o seu medo de fracassar não pode atuar tão facilmente como costuma ser o caso.

Ao relaxar, você abre mão do controle consciente sobre si mesmo. Tanto nos métodos de relaxamento orientais quanto nos ocidentais, você na verdade tem de observar somente duas atitudes mentais:

1) Dirija sua atenção para um ponto. Esse ponto pode ser um pensamento, uma palavra, uma imagem, um som, um mantra ou nossa respiração. Dessa forma você interrompe sua corrente de pensamentos cotidianos.

2) Comporte-se de maneira nitidamente passiva diante de distrações e de pensamentos penetrantes. Faça com que os fatores que provocam estresse e os pensamentos incômodos se dissipem ao voltar sempre a se concentrar no ponto de atenção que você escolheu. Se você, ao contrário, luta diretamente contra os pensamentos indesejados em vez de se livrar deles, ficará preso a eles.

Você gostaria de aprender a relaxar melhor? Veja a seguir como relaxar mais fácil e rapidamente:

- Escolha um ponto determinado para fixar sua atenção (uma palavra ou imagem) ou concentre-se em sua respiração.
- Assuma uma postura corporal confortável e tranqüila. Sinta como o assento suporta seu peso, de tal forma que você poderia se deixar cair.
- Feche os olhos. Isso faz com que você se afaste do ambiente ao seu redor e aprofunde sua vivência interior.
- Relaxe seus músculos. Esvaziar os pulmões lentamente elimina de forma simples suas contrações musculares.
- Respire lenta e naturalmente. A cada expiração pense na palavra ou na imagem que você escolheu.
- Ignore pensamentos que o levem a divagar. Concentre-se mais uma vez sempre no ponto escolhido e mantenha-se passivo.
- De preferência, repita esses exercícios todos os dias de 10 a 20 minutos.

Não aprenda técnicas de relaxamento apenas com o auxílio de livros, de fitas gravadas, de CDs e DVDs. Procure um professor adequado ou um treinador. Muitas instituições oferecem cursos. As pessoas que são muito ativas podem reduzir a tensão física excessiva de forma mais rápida, movimentando levemente seus braços e pernas no ritmo da respiração.

Relaxe fazendo uso da respiração correta

Use a técnica simples de desacelerar sua respiração. Ao expirar devagar você se relaxa; ao aspirar fortemente, sua musculatura se retesa. Respire com calma, enfatize a expiração. Isso reduz os seus batimentos cardíacos e a sua tensão muscular. Dessa maneira você pode relaxar de forma agradável, rapidamente e sem grandes esforços.

Pessoas que têm medo de falar em público respiram de outra maneira. Elas retesam intensamente os músculos da laringe e do aparelho respiratório. É por causa disso que sua voz começa a tremer, o timbre de sua voz fica mais alto – entenda-se: agudo – e como que apertado, elas sofrem de falta de ar. Evite a respiração torácica, que faz uso apenas da parte superior do pulmão. Respire conscientemente pelo diafragma. Isso pode reduzir a tensão interior, e então será mais fácil falar. Com sua respiração você pode influenciar diretamente seu corpo e reduzir a tensão condicionada pelo medo.

Quando sentimos emoções intensas como alegria, medo, aborrecimento, raiva ou desejo sexual, respiramos mais rápido. Nas reações ao susto, por outro lado, prendemos, literalmente, a respiração. Nossa respiração se mostra muito acelerada e pouco profunda se nosso corpo e nossa mente estão tensos. Nessas ocasiões também esquecemos de respirar pelo diafragma e, pelo contrário, respiramos muito mais pela caixa torácica e muitas vezes ainda suspendemos os ombros ao fazê-lo. No entanto, quando estamos relaxados respiramos pelo diafragma. Respire pelo nariz, não pela boca. Isso regulariza a respiração diafragmal. A respiração diafragmal chama-se também respiração abdominal, porque o abdome se eleva na aspiração do ar e se abaixa na expiração. A respiração correta mostra-se também por meio de uma expansão da cintura durante a aspiração.

Nas situações de estresse e medo, expire conscientemente antes de começar a falar, em vez de aspirar por reflexo. Com isso você evita um acúmulo de ar logo abaixo da laringe e uma tensão interna, que se mantém em razão da falta de movimento. Você relaxará com mais facilidade se usar o dobro do tempo que usa para aspirar em seu movimento de expiração. Ao expirar, imagine estar expirando tudo o que lhe provoca estresse. Ao aspirar, imagine estar reabastecendo novas energias para levar a cabo suas tarefas. Se você sentir uma falta de ar ou um encurtamento da respiração, primeiro expire totalmente o ar de seus pulmões. Após um curto intervalo, aspire pelo diafragma.

Os exercícios respiratórios a seguir são muito eficazes: lembre-se de seu aroma preferido, enquanto respira lenta e intensivamente pelo nariz. Contenha com os seus lábios a saída do ar na expiração: expire lentamente com os lábios entreabertos. Imagine que você dirige a corrente de ar para a chama de uma vela ou para uma colher de sopa quente.

Use a força do treinamento autógeno

No treinamento autógeno você transporta seu corpo a um estado de relaxamento concentrado. Esse estado é alcançado por meio de seis exercícios direcionados para o corpo e de sentenças convencionadas.

1) No exercício da sensação de peso ("o braço direito/o braço esquerdo está totalmente pesado") relaxe o corpo.

2) No exercício da sensação de calor ("o braço direito/o braço esquerdo está totalmente pesado") relaxe os vasos sangüíneos.

3) Com o exercício cardíaco ("meu coração bate com tranqüilidade e regularidade") você normaliza sua atividade cardíaca.

4) Com o exercício respiratório ("minha respiração está calma e ritmada") você harmoniza a sua respiração.

5) Durante o exercício do ventre ou do plexo solar ("o plexo solar irradia calor") você relaxa e harmoniza seus órgãos abdominais.

6) Com o exercício da cabeça ("minha testa está agradavelmente fresca") você acalma uma cabeça superaquecida. Em um corpo totalmente aquecido, esse exercício tem como resultado uma refrescante testa fria.

Repita seis vezes cada uma das fórmulas de exercício. Durante os exercícios aprofunde o relaxamento com o chamado matiz de tranqüilidade (a fórmula "eu estou totalmente tranqüilo") duas vezes. Os exercícios para a sensação do peso, de calor e os exercícios respiratórios são suficientes para que ocorra um razoável relaxamento. Os exercícios para o coração, o plexo solar e para a cabeça são de muita valia nas queixas relacionadas aos órgãos.

Desenvolva frases convencionadas e com isso auto-sugestione-se para o êxito. Em um estado de relaxamento, que representa a porta para o inconsciente, você pode reprogramar seus padrões negativos de pensamento. Alguns exemplos característicos desse tipo de sentença são: "Eu quero, eu posso, eu consigo"; "eu falo e ajo com segurança e clareza"; "eu permanecerei relaxado e tranqüilo"; "eu alcanço meu objetivo"; "eu sigo o meu caminho"; "eu digo o que tenho a dizer".

Determinadas sugestões devem fortalecer sua autoconfiança; elas têm efeito a partir das camadas mais profundas de sua personalidade. Formule essas sugestões de forma breve, positiva, realista e acreditável. Todos os conteúdos devem corresponder à sua personalidade e relacionar-se ao presente. Suas auto-sugestões surtirão um efeito ainda melhor quanto mais expressiva for a imagem que você desenvolver para cada uma delas. Por esse motivo imagine seu êxito da forma mais expressiva possível.

Relaxamento muscular progressivo – Um método alternativo de relaxamento?

Muitas vezes você nem mesmo se dá conta de sua tensão? Muitas pessoas não percebem o quanto seu corpo está tenso durante todo o dia. Freqüentemente, as técnicas de relaxamento ativo auxiliam pessoas muito tensas bem mais do que as técnicas de relaxamento passivo.

O relaxamento muscular progressivo segundo o método de Jacobson está calcado no efeito de troca entre a tensão mental e a tensão física. O princípio fundamental se baseia no retesamento de determinados grupos musculares, com relaxamento final; isto provoca um agradável estado de relaxamento físico e psíquico. O relaxamento muscular ocasiona uma melhor circulação do sangue em cada um dos órgãos. O relaxamento psíquico que daí resulta incentiva a continuação do relaxamento muscular e aprofunda a sensação de tranqüilidade geral. A denominação "progressivo" aponta para um continuado relaxamento físico. Ele surge da seqüência de exercícios determinados. A versão original, com mais de 30 exercícios individuais, é um tanto quanto demorada. Hoje em dia é comum se usar um conjunto de 16, de 12 ou de 7 exercícios.

Os exercícios englobam as mãos, os braços, os ombros, o rosto (queixo, face, testa), o tórax, as costas, a barriga, as coxas, as nádegas e a parte inferior das pernas. Aos poucos você pode se acalmar apenas por meio da imaginação do relaxamento de determinadas partes do corpo. Durante os exercícios você retesa, um após o outro, os diferentes grupos de músculos de seu corpo durante 5 a 10 segundos, sem se contrair. Depois você libera a tensão durante a expiração, sem efetuar movimento. Enquanto retesa um grupo de músculos, os outros devem permanecer tão relaxados quanto possível. Você percebe que sobretudo algumas regiões de seu corpo estão contraídas.

Em razão de uma tensão duradoura, muitos músculos já podem ter encurtado – eles doem com facilidade. As pessoas que apresentam uma tensão crônica percebem muito bem, através dessa técnica, a diferença entre tensão e relaxamento. Em conseqüência, isso lhes facilita o sucessivo relaxamento muscular.

Relaxe através de imagens tranqüilas

Quais imagens o ajudam a relaxar? É possível aprofundar nossa vivência de tranqüilidade e de relaxamento com determinadas imagens mentais expressivas. Feche os olhos e desenvolva a sua própria imagem tranqüilizadora, com a qual você logo se sinta bem. Vivencie com todos os sentidos (visão, audição, olfato, paladar, tato) coisas e situações agradáveis. Estas alcançam sua consciência através de sua fantasia viva e o enchem de prazer. Se você pode imaginar situações repousantes de forma expressiva e fiel à realidade, relaxará com facilidade e com profundidade.

Você pode intensificar a sua sensação de felicidade ao pensar em férias magníficas, belas descobertas com o seu companheiro ou companheira ou em experiências de sucesso na vida particular ou profissional. Visualize esse refúgio imaginário sempre que sentir falta de tranqüilidade. Aprofunde seu relaxamento com sua música preferida. Você pode visualizar sua imagem tranqüilizadora com um "apertar de botão" caso a associe aos sentidos, a palavras-chave, símbolos ou movimentos. Se você mais tarde aciona um desses estímulos, relaxará agradavelmente de imediato.

Relaxe com movimento

Você gosta de relaxar com movimento? Desfazemos a tensão de maneira rápida e eficiente quando nos movimentamos. Essa é uma das razões para o sucesso no Ocidente das meditações de movimento chinesas *tai chi* e *qi gong*.

Quando você está constantemente estressado, angustiado, e quase não se movimenta, logo a sua forma física irá sofrer por causa disso. Seus músculos regridem e se tornam curtos; ficam enrijecidos e doloridos, sobretudo nas costas. Os programas de treinamento físico relaxam o corpo e a mente. Com esse tipo de atividade, que combina relaxamento com movimento, você deixa fluir novamente as energias bloqueadas.

Nos casos de tensão excessiva, o trabalho físico e a prática do esporte preferido também exercem um efeito relaxante. Ao realizar essas atividades você reduz a circulação sangüínea dos hormônios do estresse (adrenalina, noradrenalina e cortisol). Em vez deles, seu corpo lança na corrente sangüínea "hormônios de felicidade" (endorfina). Com a atividade física você se concentra em algo diferente do que seu medo constante de fracassar, ao mesmo tempo em que tem uma experiência de êxito.

Por ocasião de palestras ou apresentações não há vezes em que você gostaria de sair correndo? Seu corpo o ativou para a fuga. Nessas situações você pode ajudar a si mesmo ao andar de um lado para o outro, fazer uso das mãos e utilizar materiais de mídia, por exemplo o *flipchart* e as transparências. Com isso você reage à tensão por meio de movimentos imperceptíveis. Você pára de observar seu corpo amedrontado. E se lhe der um branco talvez uma atividade física leve o ajude a poder pensar novamente de forma clara.

Passo 18: Renuncie às exigências muito elevadas – Previna-se contra a Síndrome de Burnout

> *As mulheres que sofrem de Burnout são ambiciosas e com disposição para o desempenho e têm uma elevada expectativa de si mesmas e do ambiente que as cerca.*
> Herbert Freudenberger & Gail North

Relativize suas expectativas excessivas em si mesmo – antes que um colapso físico ou mental o ameace. Seja realista em relação aos desempenhos que espera de si mesmo. Leve em consideração suas possibilidades e o conjunto das circunstâncias. Crie um equilíbrio saudável entre suas necessidades profissionais, familiares e individuais.

Analise o caminho para o Burnout

Você gostaria de desempenhar algo acima da média? Tudo bem. Seu êxito lhe dá razão: você alcançou muitos objetivos. Pode se orgulhar de si mesmo. A sociedade inteira só tem a lucrar com pessoas como você. Mas reflita: quanto medo de fracassar se esconde por detrás de seus elevados objetivos? Você quer compensar seu medo com esforços acima da média, na profissão e na família?

Estabeleça a diferença entre ambição saudável e mórbidas exigências excessivas. Você gosta de se orientar em doutrinas como as que seguem? “Eu tenho de fazer tudo com perfeição”; “tenho de fazer tudo eu mesmo, para que saia corretamente”; “tenho de ter tudo sob controle, para que não ocorra nenhum erro”; “tenho de ser melhor do que os outros, pois é isso que se espera de mim"; "agora eu não posso tirar férias ou me dar ao luxo de adoecer, porque muita coisa depende de mim"; "eu não posso desistir agora... Se o fizer deixarei de alcançar meus objetivos ou serei visto como incapaz"; "tenho de satisfazer a todos". Padrões de pensamento desse tipo influenciam muito se você está a caminho de um Burnout e de um esgotamento físico, mental e emocional – de tanto trabalhar.

Você corre o risco de sofrer um Burnout? Quão perto você se sente de ter um Burnout? Segundo o livro *Burnout em mulheres*, de Freudenberger e North, o caminho para o esgotamento físico e psíquico engloba 12 fases. Suas respostas às perguntas que seguem lhe indicarão claramente quanto você já está a caminho de apresentar a Síndrome de Burnout:

1) Você é muito ambicioso(a)? Deseja com todas as suas forças se auto-afirmar?

2) Você se empenha cada vez mais para alcançar os objetivos elevados que impôs a si mesmo(a)?

3) Você negligencia suas próprias necessidades, para alcançar seus altos objetivos profissionais e/ou familiares?

4) Você reprime de boa vontade seus conflitos e necessidades interiores, em vez de se conscientizar neles?

5) Está sempre preterindo coisas que são importantes para você, por exemplo, a parceria conjugal, o esporte e a cultura? Sempre dá maior importância às tarefas profissionais?

6) Você é cada vez mais veemente em negar os problemas que aparecem? Por exemplo, está cada vez menos tolerante?

7) Você passa por cima de sua desorientação e de seu desespero batendo em retirada ou adotando um comportamento cínico, aquele que dá a impressão de que não está acontecendo nada?

8) Já ocorreu alguma mudança em seu comportamento? Você se aborrece cada vez mais ou usa entorpecentes com freqüência?

9) Conscientiza-se cada vez menos de seus pensamentos, sentimentos e necessidades?

10) Sente-se interiormente vazio e inútil? Você sente medos que até então eram desconhecidos, como a agorafobia ou ataques de pânico? Você costuma buscar refúgio no álcool, nos tranqüilizantes ou nas drogas ilegais?

11) As coisas parecem fazer cada vez menos sentido para você? Você perde o interesse em tudo? Tem cada vez menos disposição, está sempre cansado? Sofre de falta de motivação? Tudo isso aponta para um esgotamento depressivo.

12) Você chegou no fim da linha de uma Síndrome de Burnout? Está totalmente esgotado? Isso pode colocar a sua vida em risco. Você precisa de ajuda profissional!

Como evitar e superar uma Síndrome de Burnout

Você já se sentiu completamente apaixonado pela sua profissão, pelo seu parceiro ou pela sua parceira conjugal e pela sua família? E hoje você já não trabalha com tanto entusiasmo? Você se sente como se já houvesse queimado todos os seus cartuchos? Gostaria de reavivar a chama, mas não sabe como? Você já sabe por que se sente esgotado? Quais as características pessoais e os fatores ambientais que o levam para a beira de um colapso?

Muitas pessoas que se colocam em uma situação profissional ou familiar muito extenuante estabelecem objetivos muito elevados para si mesmas. Elas exigem demais de si a longo prazo e tornam-se cada vez mais física e psicologicamente esgotadas. Você está sempre querendo fortalecer a sua autoconfiança por meio de novos desempenhos? Algumas pessoas logo se usarão disso para os seus próprios fins.

Você tem dificuldade de impor limites aos outros? Não gosta de dizer "não"? Dessa maneira você sobrecarrega muito rapidamente o seu corpo e sua mente. As conseqüências são o Burnout e as depressões por esgotamento. Você pode se precaver de um esgotamento ao definir seus limites para com as outras pessoas.

O êxito e o fracasso dependem do modo como você lida consigo mesmo. Se você desenvolve uma boa percepção de si, poderá, além disso, ter energia para os outros e ser bem-sucedido em suas ações. Dê inteiramente o melhor de si em sua profissão, para sua família, para seus ideais e para o desenvolvimento de suas capacidades. Contudo, procure ficar mais atento a si mesmo, em seus desejos e em suas necessidades. Engaje-se com entusiasmo por si como até agora o fez pelos seus semelhantes e seus objetivos. Proteja-se, no entanto, de um esgotamento ou de ser aniquilado internamente.

Não há nada de errado em ter ideais e objetivos elevados. Você só terá uma chance de sucesso se quiser dar o melhor possível de si mesmo. Porém, fique atento ao preço que terá de pagar por isso. Se ao lado das necessidades das outras pessoas as suas necessidades ficam em segundo plano, cedo ou tarde isso fará algum mal a sua alma. Você deve testar seus limites. Mas não se exija demais.

Você se estressará mais se quiser compensar sua sobrecarga com mais empenho. Procure por caminhos para sair do círculo vicioso de exigências cada vez maiores. As sugestões a seguir podem ajudá-lo:

- Identifique seu problema fundamental. Admita para si mesmo: você trabalhou demais e descuidou de outros aspectos de sua vida. Descubra: que motivos se escondem por detrás de seu doentio excesso de zelo? Você tem medo de perder o controle? Teme perder sua auto-estima? Não deseja de modo algum obter menos reconhecimento de parte das outras pessoas? Teme não ser vitorioso ao rivalizar com os outros? Tem medo de perder o seu emprego? Que deficiências você procura compensar ao quase se matar de tanto trabalhar? Converse sobre sua situação com pessoas que você conheça bem. Leve em consideração as sugestões.
- Estabeleça prioridades. Ordene suas tarefas segundo sua importância e urgência. Esforce-se por um bom geren-

ciamento do seu tempo. Isso evita futuras exigências, demasiadas exigências. Dessa forma você encontrará mais espaço para sua vida particular e para a sua necessidade de repouso.

• Recupere o controle sobre sua vida. Organize futuramente a sua vida segundo seus desejos e necessidades. Dê às outras pessoas e à sua profissão menos poder sobre a sua vida. Se der mais importância a si mesmo, terá todas as situações estressantes sob controle, e com mais facilidade.

• Preste atenção às suas próprias necessidades quando tiver de lidar com outras pessoas. Não se explore, não se esfalfe em nome do bem-estar de outros. Seja bom para si mesmo. Sim, você merece! Trate de si mesmo com carinho. Se você fizer mais por si mesmo e recobrar regularmente suas energias, mais tarde poderá fazer mais também pelos outros.

• Conscientize-se mais de si mesmo: descubra seus interesses, desejos e necessidades. Persiga-os. Dessa maneira você consegue resistir melhor à pressão de seu ambiente profissional ou familiar. Quanto mais você renegar suas necessidades, mais intensamente cairá no turbilhão de um Burnout. Pergunte a si mesmo diante de uma situação de tensão: você deseja continuar a sacrificar tudo pela sua profissão? Quer continuar a desistir de tudo que você ama e que lhe é caro?

• Não tente aumentar a sua auto-estima coagindo a si mesmo, apesar de estar sobrecarregado. Procure outras fontes para a sua auto-estima que não sejam sua capacidade de desempenho profissional ou na vida privada.

• Apóie sua auto-estima em mais do que um pilar de sustentação. Não confie apenas em sua total e prolongada capacidade de desempenho na profissão ou na família. Se o fizer, você cairá em uma crise existencial, se tiver um problema exatamente em uma dessas áreas.

• Desenvolva um sentimento de auto-estima que independa de seus desempenhos. Então você não precisará lutar contra o sentimento de não ser bom o bastante, com a realização de desempenhos cada vez melhores. Lembre-se do que você já é. Seja fiel a você mesmo quando outras pessoas lhe impuserem exigências.

• Diminua seu empenho no trabalho. Aproveite o tempo para coisas que lhe são importantes e das quais você descuidou nos últimos tempos. Faça uma lista desses interesses e necessidades, que foram deixadas de lado.

• Aprenda a dizer "não". Estabeleça um limite para atender aos inúmeros desejos e reivindicações de seus semelhantes. No entanto, que isso não signifique lutar *contra* as outras pessoas, e sim *pelos* seus próprios interesses.

• Delegue parte de suas responsabilidade aos outros. Pare de se empenhar de forma exagerada para que os outros tenham de desenvolver mais autonomia e deixem de esperar tanto de você.

• Não se ocupe o tempo todo com os outros, se você próprio necessita de auxílio. Aceite a ajuda de estranhos – você merece que as outras pessoas cuidem de você.

• Reduza, principalmente se for mulher, suas pretensões de ter tudo em harmonia. Renuncie à perfeição nos cuidados com a casa, na profissão, com as crianças, na relação com o parceiro e nas atividades de lazer. Estabeleça prioridades. Perceba as coisas que deixou de lado nesses últimos tempos e que gostaria intensamente de fazer no futuro. Tenha com você própria, mulher, os mesmos cuidados que dispensa às outras pessoas.

• Tire férias, faça um tratamento ou peça uma licença médica. Faça isso mesmo que tenha a sensação de neste momento ser insubstituível. Como então isso pode fazer sentido? Você quer fugir da tensão causada pelo excesso de trabalho e, quem sabe, até mesmo aposentar-se – e não se permite nem mesmo uma pausa?

• Cuide para que você tenha contato social suficiente. No entanto, para tanto não se estresse ainda mais. O apoio social através do contato com outras pessoas provou ser um auxílio valioso nessas situações.

Mude de profissão

Você já está insatisfeito há muito tempo com sua situação profissional? Realize as necessárias mudanças em seu local de trabalho. Com isso você evita uma Síndrome de Burnout. As possibilidades são três:

- *Love it* – Motive-se! Volte a entusiasmar-se pelo seu trabalho. Veja seu campo de tarefas como algo novo. Mas não deixe de ser realista. Baseado em suas capacidades, quais são as suas chances, em seu trabalho atual? Não se apegue a seus objetivos sonhadores, que talvez não sejam realizáveis nem agora nem no futuro.
- *Change it* – Mude alguma coisa! Modifique suas condições de trabalho em seu emprego, da melhor maneira que puder, se não puder suportar as condições atuais. Para isso, trabalhe em conjunto com os outros. Ninguém lhe agradecerá por suportar orgulhosamente o insuportável, até estar física e psiquicamente esgotado e ter de licenciar-se várias vezes. Muitas vezes você não pode mudar (pelo menos não sozinho) as outras pessoas, o ambiente e as situações. Porém quanto mais você modificar sua maneira de ver as coisas, melhor poderá lidar com a situação.
- *Leave it* – Peça demissão! Deixe seu emprego, se a situação profissional lhe faz adoecer. Considere antes todas as alternativas. Se lhe restar apenas a demissão, ela não significa fugir por medo da situação. Neste caso a sua troca de emprego é uma medida ditada pela sua razão – contanto que você se possa permitir isto, com base na situação do mercado e em suas qualificações profissionais.

O diálogo a seguir, mantido com um de meus pacientes, é característico. Ele mostra o quanto as exigências profissionais e individuais que provocam tensão estão relacionadas entre si e de forma nociva.

Pergunta: – O que o deixou tão esgotado?

Resposta: – Em nossa empresa impera uma pressão por produtividade tão grande, que eu já não consigo realizar o que me é exigido.

Pergunta: – Se você não estiver mais lá, alguma coisa se modificará nas condições de trabalho?

Resposta: – Não, com certeza não. Tudo será ainda pior.

Pergunta: – Como o seu substituto poderá superar essa situação sem percalços?

Resposta: – Ele não trabalhará tanto quanto eu.

Pergunta: – Se você sabe que com um menor empenho o resultado também é alcançado, por que não se comporta dessa maneira?

Resposta: – Eu não consigo me sentir satisfeito fazendo algo pela metade.

Resumo: Se você espera demais de si mesmo, terá de diminuir seu nível de exigência, principalmente no que diz respeito às condições de trabalho, e, sobretudo, às que forem por demais extenuantes. Isso não quer dizer que você tenha fracassado. Pelo contrário! Você não é responsável pelas condições sob as quais tem de trabalhar. Não pode fornecer maior quantidade e mais qualidade de trabalho se as condições para tal – por exemplo, pessoal suficiente – inexistem. Não se deixe consumir profissionalmente.

Passo 19: Livre-se do excesso de responsabilidade – Egoísmo saudável em vez da Síndrome do Bom samaritano

> *Quando oferecemos ajuda, a*
> *responsabilidade fica com o outro.*
> G.B. Lundberg e J.S. Lundberg

Aja consciente de suas responsabilidades, mas não se responsabilize demais. Você não é responsável por tudo e por todos. Não é falha sua se os outros não se conscientizam da própria responsabilidade ou se cometem erros. Não se sinta culpado quando outras pessoas não cumprem suas obrigações. Mesmo quando você ajuda os outros, eles têm de se responsabilizar pelas suas próprias ações.

Responsabilidade sem exagero – Supere seus sentimentos latentes de culpa

Você gosta (principalmente se for mulher) de assumir a responsabilidade para que tudo funcione bem na vida profissional e na vida particular? Você se sente como se tivesse falhado pessoalmente quando outra pessoa comete um erro? Preocupe-se com as suas próprias tarefas! Cuide de você – e não dos outros. Não se ocupe daquilo que pertence à área de responsabilidades de outras pessoas adultas. Estabeleça limites entre você mesmo e as tarefas de seus semelhantes. Dê aos outros a chance de aprender com seus próprios erros.

A sua responsabilidade, como pai e como mãe, para com as crianças e para com os jovens, é a de que eles aprendam uma medida razoável de responsabilidade. Você não é responsável se seus protegidos cometem erros, porque primeiro eles têm de aprender alguma coisa. Somos pessoas emancipadas quando pensamos, julgamos e agimos por conta própria. Incentivem como pais a independência de seus filhos. Não os eduquem sistematicamente a ser fracos e dependentes de vocês.

Você gosta (principalmente se for homem), em sua função como chefe de um departamento ou diretor de uma firma, de assumir a responsabilidade pelos seus funcionários? Os membros de sua equipe não devem cometer nenhum erro porque você avalia isso como se fosse seu próprio fracasso? Age como se tivesse de evitar os erros de seus subordinados? Se você não confia em seus funcionários, e em situações críticas prefere resolver tudo sozinho, você com certeza é responsável pelos fracassos crescentes de seu pessoal. Quanto menor o grau de responsabilidade que você confiar, mais passivos e inexperientes se tornarão seus subordinados. Enquanto você assume responsabilidades demais, seus funcionários são pouco incentivados e desaprendem a trabalhar com autonomia.

Perceba o perigoso círculo vicioso: quanto mais você se oferecer como salvador, maior será a intensidade com que os outros contarão com você. Não se espante se tiver de se apresentar cada vez mais para resolver as coisas. Assim as outras pessoas se eximem de seu potencial fracasso.

Resumo: Quanto mais você ajudar, mais no desamparo estarão as pessoas que o rodeiam. Deixe que os outros assumam as suas próprias responsabilidades. Não faça nada que eles mesmos não possam fazer. A não ser que isso lhe seja solicitado ou tenha sido claramente combinado. Só assim será possível fugir com êxito da armadilha da responsabilidade.

Seja o próximo para si mesmo

Você vive segundo o provérbio bíblico "dar é melhor do que receber"? Gosta de cuidar dos outros? Quer dar tudo a todos? Tem dificuldade em aceitar alguma coisa das outras pessoas? Você depende de que os outros precisem de você? Tem uma síndrome do auxiliar e se sacrifica com prazer pelas outras pessoas? O que você pretende com isso? Fortalecer sua combalida autoconfiança?

A Bíblia vê o amor a si mesmo como uma atitude saudável. O amor a si mesmo é a medida para o amor ao próximo. Você gosta de se comportar segundo o ensinamento bíblico: "Amarás o teu próximo como a ti mesmo"? Ora, então suposto está que devemos em primeiro lugar amar a nós mesmos! Importa vivenciar com intensidade também a doutrina: "Se cada um pensa em si, ninguém é esquecido". Resumo: Você será cada vez mais sociável se for também egoísta – e em caso de necessidade exigir alguma coisa dos outros.

Pratique isto de imediato: peça a algumas das pessoas que o rodeiam que o auxiliem em uma tarefa ou que dediquem mais tempo a você. Deixe-se substituir em tarefas, que até então apenas você realizou. Você pode fazer alguma coisa por você com o tempo livre que ganhou. Veja o seu desejo de ser ajudado como um direito seu. Seu desejo não significa que você tenha fracassado, que você já não consiga fazer tudo sozinho como antes. Diga abertamente que você no futuro dará mais atenção aos seus próprios interesses e às suas próprias necessidades.

Prepare-se: as pessoas ao seu redor no início talvez não consigam entender a sua mudança de rumo. Talvez as pessoas sintam falta da pessoa boa, gentil e amorosa, da qual cada um pode obter o que quer. Reconheça: você era tão estimado porque fazia tudo o que os outros queriam. Ocorre que você não colherá apenas aplausos de seus familiares e conhecidos se pensar mais em si mesmo. Por isso, com o passar do tempo você receberá também mais respeito.

Você pode compreender bem os sentimentos das outras pessoas? Então você ignora muito facilmente os seus próprios sentimentos. Ou então, de tantos problemas em torno de si mesmo, nem mesmo os percebe. Não aceite constantemente o ponto de vista dos outros. Exija dos outros alguma coisa que seja tão-somente de seu próprio interesse. Espere que os outros defendam as suas próprias necessidades. Você não precisa pensar antes no desejo dos outros.

Faça mais por si mesmo

Você pode dizer a si mesmo que é importante para você empreender coisas para si mesmo. Se for difícil, você deve impreterivelmente acumular experiências positivas. Reconstrua seu corpo e sua alma antes de esfalfar-se pelos cuidados com os outros. De outra forma você facilmente se transformará de auxiliar em necessitado. Seus familiares terão então de cuidar de você para que você não se esgote totalmente.

Não faça sua auto-estima depender de seu empenho por outras pessoas. Ateste o valor de sua pessoa através de experiências em que você faça algo de bom para você mesmo. Permita-se bons momentos nos quais você próprio seja a figura central. Seja fiel a si mesmo ao perseguir seus próprios interesses. Você não renunciará mais àquilo que vivenciar como enriquecimento pessoal. Intensifique seus contatos com as outras pessoas – sem obrigações. Sinta prazer em visitar amigos, ir ao teatro, ouvir música, fazer passeios, desfrute do *wellness*, que é o bem-estar total, pratique esportes, faça uma sauna ou vá à praia. Com isto você se reabastece de energia – para os outros também.

O quanto você se permite na verdade? Se for desprendido demais, em breve se desligará de si mesmo. Preste atenção a si próprio, para que você não deixe de receber a *sua* parte. Seja afetuoso consigo mesmo. Diga muitas vezes *sim* a si mesmo, a seus interesses e as suas necessidades. E você poderá mais facilmente também dizer *não* às outras pessoas. Não se trata, porém, de antes de mais nada fazer menos pelos outros. Acima de tudo você deve fazer mais por si próprio – todo o resto virá por si mesmo. Se você reserva tempo para si próprio, ao mesmo tempo você limita seu empenho pelos outros. Com essa atitude você consegue, de maneira elegante, abandonar a postura combativa e sugadora de energias do dizer *não* e assume a postura decidida do dizer *sim* para si mesmo.

Passo 20: Melhore suas habilidades sociais – Apresente-se de forma adequada

O inferno são os outros.
Jean-Paul Sartre

Desenvolva suas habilidades sociais para apresentar-se de forma conveniente diante dos outros. Hoje em dia é cada vez mais importante poder se apresentar da melhor forma. Para isso você tem de superar seu medo de passar vergonha e de ser criticado. O medo só inibe sua espontaneidade e sua criatividade.

Apresente-se com auto-segurança

Sua capacidade de desempenho é prejudicada pelo seu medo da crítica social? Se você tem medo da crítica e da rejeição, sua concentração pode ficar bem reduzida. Então seu desempenho decresce ainda mais. Com isso você se arrisca ao fracasso. Quando a auto-insegurança é muito grande, você se ocupa constantemente consigo mesmo. Pensa nas possíveis reações dos outros – e muito pouco em sua tarefa. O melhor é fazer simplesmente o que há para ser feito.

Você costuma se sentir tão inseguro diante dos outros que suas capacidades especializadas não podem ser apreciadas? Se você não é suficientemente competente no convívio com outras pessoas facilmente transmitirá uma má impressão, apesar de seu disponível conhecimento especializado. Aprenda a todo custo a se apresentar melhor diante das outras pessoas. Se você se mantém modestamente em segundo plano, será de fato menos observado do que as outras pessoas. E terá um menor número de experiências bem-sucedidas do que as pessoas que são menos boas em suas especializações, e no entanto se "vendem" publicamente melhor do que você.

Algumas das dicas a seguir podem ajudar a pessoas inseguras: apresente-se com mais autoconfiança do que tem feito. Chame a atenção para si através de seu comportamento e de sua competência. Coloque-se conscientemente no centro das atenções das outras pessoas. Defenda suas opiniões. Expresse críticas necessárias. Atreva-se a contradizer. Coloque exigências legítimas. Rejeite pedidos inadequados. Diga "não" a tudo o que for contrário a seus interesses. Olhe diretamente nos olhos dos outros. Adote uma postura física que demonstre segurança.

Mas conhecimento e também esforço em seguir os conselhos não bastam para mudar seu comportamento. Treine sistematicamente suas habilidades sociais no convívio com as outras pessoas. Assim você enfrentará com sucesso apresentações diante do público. No entanto, um treinamento só tem efeito se além disso você aprende a suportar seus sentimentos indesejados.

Seu medo de fracassar diante dos outros, de não ser reconhecido pelo ambiente que o cerca, exerce grande influência sobre você. O medo de fracassar faz com que você se torne dependente de seus semelhantes. O medo, que lhe enfraquece, confere às outras pessoas poder sobre você. O medo estagnante leva à comunicação unilateral: os outros determinam o seu comportamento. Se você superar seus medos poderá, inversamente, exercer efeito sobre os outros: pode mudar seu ambiente social segundo a sua maneira de pensar.

Você não se julga uma pessoa segura, que pode se impor diante dos outros? Mude seu ponto de vista. Todas as vezes que manifestar seus interesses com um pouco de firmeza desenvolverá um pouco mais de autoconfiança.

Supere seu medo de falar e de se apresentar em público

Você tem receio de ridicularizar-se em atuações profissionais ou particulares? As dicas a seguir podem ajudá-lo a passar por cima disso:

- Despeça-se da noção de que "a habilidade de falar e apresentar-se é congênita". Se você para tanto coloca como condição um talento inato, permanecerá sempre na retaguarda dos que estão dispostos a desenvolver incessantemente essa habilidade em pequenos passos.

- Ensaie antes de realizar suas palestras e discursos livres diante das pessoas – ensaie com pessoas com que você se sinta bem. Use um gravador ou um aparelho de vídeo para gravar suas conferências, apresentações ou audições. Melhore suas apresentações através dos conhecimentos adquiridos. Simule mentalmente as situações novas ou temidas. Com isso você incorpora um amplo repertório de comportamentos e ganha segurança.

- Coloque-se conscientemente no centro das atenções das outras pessoas. Escolha oportunidades em que você chame pouca atenção, para se acostumar com isso.

- Prepare o texto de uma palestra apenas com palavras-chave. Não o decore. Ou você cansará seu público. Impressionará seus ouvintes se estiver bem preparado e, apesar disso, permanecer espontâneo. Um texto que lemos com tranqüilidade como se fosse um artigo não é nenhum discurso arrebatador. É justamente por algumas vezes entrar num embate para encontrar as palavras certas que você, com sua autenticidade, se aproxima de seu público. Não leia seu manuscrito sem participação interior.

• Liberte-se de suas aspirações perfeccionistas, de que você tenha de apresentar tudo de modo tão exato, conforme foi preparado. Se você se confundir, reflita: seus ouvintes não conhecem seu texto, e por isso não perceberão nada. Se você tiver esquecido algo importante, retome o assunto mais tarde, em outro ponto. Você também aumentará seu efeito pessoal se se expressar em sua maneira própria de falar, em vez de falar de modo refinado.

• Diante do público tome para si o espaço de que necessita para apresentar-se livre e soberano. Não se deixe restringir por moldes pré-fixados. Sinta sua pessoa e seu corpo conscientemente com todos os sentidos. Sinta os pés seguros no chão e relaxe. Aspire e expire devagar antes de começar a falar. Sinta a energia que você recebe cada vez que respira. Deixe que seu olhar tenha uma visão geral de todo o recinto e do público. Dessa maneira você obtém controle sobre a situação. Diga suas primeiras palavras conscientemente, com a intenção de preencher o espaço com elas. Propague as ondas sonoras e o tom de sua voz até o último canto do recinto. Conscientize-se de que você tem algo a dizer!

• Se você tem medo de falar em público, fale conscientemente devagar e no ritmo de sua expiração. Por medo de falar você tende a respirar e a falar mais rápido do que de costume, porque quer terminar rapidamente a apresentação. Exale todo o ar de seus pulmões antes de continuar a falar, após uma frase ou depois de uma parte da frase. Se você está com medo, você tende a aspirar exageradamente. Isso aumenta a sua tensão interior – se ao mesmo tempo você não se movimentar. Tenha a coragem de fazer pequenas pausas para retomar o fôlego. Os ouvintes vivenciam pausas de até sete segundos no discurso como normais. Os oradores vivenciam esse período de tempo como mais longo ou longo demais.

• Durante uma palestra não observe demais a si mesmo. Não pense todo o tempo sobre as possíveis reações dos outros. Dirija-se conscientemente aos seus ouvintes, façalhes perguntas. Conduza um diálogo com seu público. Esse tipo de conversa desviará sua atenção de sua auto-observação apreensiva e dos pensamentos que tendem a devanear.

Excurso: Dicas contra o medo de provas, exames e concursos

Com base no medo de provas como uma forma especial do medo de fracassar devem ser apresentadas agora algumas das 20 etapas como caminho para o êxito:

• Aceite seu medo de provas. Deixe-se estimular pelo leve medo de provas, aprendendo com o tempo. Seus sintomas físicos expressam apenas o significado que uma prova tem para você naquele momento. Você se prepara para um desempenho pessoal elevado. Apesar de suas reações físicas de medo, você não é de modo algum incapaz de bons desempenhos. Desista de lutar contra seus sintomas de medo; essa luta apenas rouba a energia de que você tanto precisa para a prova.

• Não imagine nenhum cenário de horror, de como você se sentiria após não ter sido aprovado. Qualquer pessoa pode não ser aprovada em uma prova ou fracassar em uma formação profissional. Evite qualquer tipo de pensamento catastrófico. O mundo não se acabará se você fracassar. Melhor dizer a si mesmo: "Este examinador decide apenas sobre a minha nota, não sobre a minha vida". Pense que você tem valor, mesmo sem ter sido bem-sucedido na prova. Considere a possibilidade de fazer outro curso ou de escolher outra área profissional, em vez de ver a sua salvação apenas no curso superior ou na profissão atual.

• Espere desempenhos realistas de si mesmo. Com expectativas perfeccionistas você só se perturba mais intensamente nas situações de prova. Em nenhum momento diga a si mesmo frases do tipo: “Se eu estudei muito, tenho de obter uma nota muito boa”; “eu tenho de ser o melhor, porque não suporto ser de outra forma”; “se eu não for bem, os outros se decepcionarão comigo”. Não se desestabilize ao colocar sobre si mesmo exigências elevadas e não realistas. Não veja as possíveis boas notas como compensação por desempenhos que não tenham sido bons no passado. Estude com o objetivo de ser aprovado na prova. Diga a si mesmo: “Eu não preciso saber tudo para ser aprovado na prova. O principal é não ser reprovado”. Prove ter “a coragem de não saber tudo”. Um certo risco de fracassar permanece se desejar realizar a prova em um momento conveniente.

• Marque uma data para prestar o exame e mantenha um horário fixo para estudar. Com isso você estudará de forma metódica. Você só conseguirá seguir seu programa de estudos se observar o compromisso para realizar a prova. Cancelar o compromisso talvez o alivie momentaneamente, porém o preço a pagar é alto: você perde tempo. Suas colegas e seus colegas de estudo passam cada vez mais adiante de você, pois eles seguem o lema: “Quem ousa, vence!”

• Comece a estudar a tempo. Dessa forma você evita um estresse desnecessário pouco antes da prova. Não adie as tarefas que tem por fazer. Identifique as desculpas com as quais você procura esquivar-se de realizar as coisas de que não gosta. Você não deve começar a escrever trabalhos longos poucos dias antes da data da entrega. Se você estudar uma grande quantidade de matéria em prazo muito próximo da data da prova comprovará a si mesmo que só pode estudar sob pressão. Esquecerá logo aquilo que estudou, porque não poderá reler a matéria várias vezes.

• Informe-se bem sobre o tema da prova, sua forma e suas condições. Informe-se quanto ao tempo de duração e o local do exame. Pergunte aos outros sobre os métodos de aplicação do examinador. Assista, eventualmente, a exames de colegas de estudo. Analise questões de provas oficiais e não oficiais.

• Motive-se para aprender! Formule as questões sobre a matéria da prova de tal forma que você ache as respostas interessantes. Verifique como você pode usar a matéria que precisa aprender também em seu cotidiano. Você guarda com mais facilidade na memória uma matéria maçante e detestável se estabelece uma boa relação com ela.

• Organize seu trabalho. Melhore o gerenciamento de seu tempo. Estude disciplinadamente. Com isso você evita o medo de fracassar. Faça um planejamento de estudo com horas e dias da semana. Aprenda primeiro o principal, caso a matéria seja muito abrangente. Divida a matéria em pequenas unidades. Recompense a si mesmo quando concluir o estudo de cada uma delas. Reserve tempo suficiente para repetir aquilo que você acabou de aprender. Com isso você armazena melhor na memória o material aprendido. Planeje pausas regulares como fontes de reabastecimento de energia. Pequenas fases de repouso aumentam sua capacidade de desempenho.

• Desenvolva técnicas eficientes de aprendizagem. Faça isso em cinco fases: primeiro obtenha uma visão geral sobre a matéria. A seguir leia um pequeno resumo da matéria. Depois proponha questões motivadoras sobre o conteúdo do material a ser aprendido. Logo após trabalhe o material em detalhes. Na fase final repita tudo que foi aprendido, para fixar na memória.

• Melhore sua concentração. Dedique-se intensivamente a sua tarefa. Não dê atenção aos seus sintomas físicos. Esqueça momentaneamente maus desempenhos anteriores ou um possível fracasso futuro. Você pode auxiliar sua concentração com a seguinte técnica: conduza um diálogo interno. Diga a si mesmo aquilo que você faz agora e qual será o próximo passo a empreender. As crianças que têm perturbação da atenção também se concentram melhor quando falam alto. Não se distraia enquanto estuda: não coma ou veja televisão. Talvez você pertença àquele tipo de pessoas que aprende melhor quando ouvem ao fundo a sua música preferida. Então deixe a música tocar suavemente.

• Melhore o desempenho de sua memória. Diversas estratégias podem ajudá-lo a manter o que foi aprendido em sua memória de longo prazo. Leia os textos importantes em voz alta. Use um marcador de texto para sublinhar. Faça um breve resumo do que for importante. Leia pequenos resumos da matéria antes de dormir – isto faz com que durante o sono o conhecimento adquirido seja fixado de forma duradoura. Releia várias vezes a matéria da prova – isto previne o rápido esquecimento.

• Organize seus preparativos para a prova de tal maneira que no dia anterior a ela você apenas ainda repita aquilo que aprendeu, e com isso mantenha na memória. Não queira eliminar lacunas de conhecimento nas últimas horas que antecedem à prova. Do contrário, a excitação provocada pelo medo de deficiências e fraquezas, supostas ou reais, bloquearão a utilização do conhecimento armazenado. Não mais estude ou releia a matéria aprendida imediatamente antes de provas ou exposições orais. Também não discuta mais com os outros sobre a matéria. Isso só o fará ficar nervoso e inseguro.

• Dê atenção ao seu bem-estar físico durante uma prova e enquanto estuda. Durma o suficiente e movimente-se. Alimente-se de forma saudável. Não exagere com o café e com a nicotina. Muitas pessoas, que têm medo de provas, quase não têm apetite. Na manhã do dia em que realizará a prova, coma pelo menos alguma coisa. Com isso você fortalece seu cérebro e seu corpo. Não estude no dia anterior à prova até altas horas. Do contrário você estará possivelmente morto de cansado no momento decisivo. Com um pouco de esporte você elimina a tensão física.

• Procure se sentir psicologicamente bem, mesmo que tenha uma prova batendo à porta. Grandes conflitos emocionais na família ou na relação a dois afetam a sua capacidade mental de desempenho. Encontre pelo menos uma solução de emergência temporária para suas preocupações amorosas, para que você não tenha de pensar nisso o tempo todo. Aproveite as suas horas livres, apesar da pressão da prova. O bem-estar psíquico o fortalecerá para enfrentar o desafio. Faça algo de bom para você mesmo. Será mais fácil estudar se você, como forma de compensação, se encontrar brevemente com amigos ou dar um tempo para os seus *hobbies*. Um filme na televisão ou no cinema poderá relaxá-lo e com isso aumentar a sua capacidade de desempenho.

• Treine mentalmente para a prova. Antecipe em pensamentos tudo que for possível. Com isso você se preparará para a prova real. Imagine o desenrolar dos acontecimentos. Dessa maneira você se familiariza com a situação que está para vivenciar. Aquilo que você superar em sua imaginação conseguirá superar de fato com mais facilidade. Quais as questões da prova que você mais teme? Procure, antes de tudo, respostas exatamente para essas questões. Em sua preparação permita que sua imaginação também represente quadros negativos e desagradáveis. Como é o terrível cenário que você imagina? Imagine como você consegue lidar de maneira bem-sucedida com as situações temidas. Deixe que tudo passe diante de seus olhos, como um filme em câmera lenta. Contemple com exatidão o resultado positivo da prova e deixe isso ter efeito sobre você.

• Prepare-se para uma prova recorrendo a situações semelhantes. Simule a prova diante de colegas de estudo, amigos ou parentes. Encene com eles as situações de prova que você teme. Com isso você pode aprender a lidar melhor com elas.

• Durante as aulas ou seminários, peça a palavra muitas vezes, se possível. Dessa forma você se acostuma a estar no centro das atenções, a falar diante dos outros, a mostrar suas capacidades e, algumas vezes, a dizer também alguma coisa errada. Dessa forma você se libera da pressão de dar apenas as respostas que sejam 100% corretas. Fale alto e claro – isto faz bem à sua auto-segurança.

• Se você tiver medo de um professor, procure aproximar-se conscientemente dele antes da prova. Procure o contato, em vez de evitá-lo. Com isso você encara de imediato o medo da autoridade justamente por onde ele, esse medo, é condicionado. Durante uma pausa faça algumas perguntas ao conferencista de uma disciplina temida.

• Mantenha solilóquios úteis consigo mesmo. Rejeite padrões negativos de pensamentos e solilóquios destrutivos. De preferência encoraje a si mesmo ao ver a coisa de modo positivo. Conduza diálogos internos construtivos, para que seus temores não se transformem em profecias auto-realizáveis. Dirija seus diálogos internos para a situação de prova e para a tarefa que você tem pela frente ("o que devo fazer exatamente?"; "o que eu deveria fazer primeiro?"). Fortaleça-se com frases positivas ("eu vou conseguir"; "estudei bem a matéria"; "eu consigo porque exercitei em casa"; "meus êxitos até agora demonstram que também eu estou à altura desse desafio"; "eu vou agüentar o estresse, como em todas as outras ocasiões").

• Desenvolva métodos úteis para poder superar um ataque agudo de medo durante a prova. Exercícios de relaxamento e técnicas de respiração podem lhe auxiliar com rapidez, se você sentir que seu corpo não suportará o medo. Respire mais devagar: expire mais ou menos oito vezes por minuto. Expire duas ou três vezes mais devagar do que aspire. Respire de maneira intensiva pelo diafragma, em vez de superficialmente pelo peito. Você poderá se acalmar ainda melhor se pousar a mão dominante sobre a barriga. Aspire de forma relaxada e só pelo nariz. Expire através dos lábios levemente entreabertos, o que ajuda a aliviar grandes tensões internas.

• Aprenda a lidar com um blecaute. Não emudeça em provas orais se de uma hora para outra lhe "der um branco" de nervoso. Procure manter externamente o diálogo com o examinador. Aceite para si mesmo que algo assim pode acontecer. O melhor é repetir a pergunta do examinador. Com isso você já disse alguma coisa. Certifique-se com ele: "Entendi corretamente a pergunta?"; ouvir a sua própria voz por si só já ajuda. Talvez com isso você possa superar o bloqueio causado pelo medo. Com freqüência são suficientes algumas frases triviais para reencontrar a linha de pensamento. Durante uma prova escrita você pode escrever ou desenhar. Com isso você tem a sensação de fazer algo. Não espere sempre a reação de sua memória verbal para poder falar ou escrever alguma coisa, mas relembre as informações em imagens que você incorporou ao estudar. Em situações de estresse é mais fácil lembrar-se de imagens. Se você se sentir paralisado de tanto medo, respire fundo algumas vezes. Movimente-se um pouco para diminuir a tensão de seu corpo. Se nada disso ajudar, aceite o blecaute. Um examinador compreensivo o ajudará a continuar.

• Nas situações de prova pense em seus êxitos, capacidades e forças. Conscientize-se de quem você é e do que você pode, independentemente do resultado esperado na prova.

Observações finais

Podes iniciar tudo o que podes fazer e imaginar. Na audácia residem criatividade, força e magia.
Johan Wolfgang von Goethe

Este livro deseja auxiliar você a reconhecer seus medos durante a formação educacional e profissional e nas relações interpessoais, para com isso entender melhor a si mesmo e aprender a aceitar-se. Ele deseja apoiar você na aplicação do seu conhecimento em ações efetivas para a superação de seus medos. Os 20 passos sugeridos lhe possibilitam vencer seus medos de fracassar, fortalecer sua personalidade e modificar suas atitudes e modos de comportamento, para que você possa viver melhor em nossa sociedade de desempenho.

Hoje em dia, em nossa sociedade orientada para o desempenho, trata-se cada vez mais do quanto preservamos nossa dignidade, do quanto vivenciamos a nós mesmos e as outras pessoas como dignas de estima e como parte valiosa da sociedade. Não deveríamos reduzir nosso ser à nossa capacidade de desempenho físico e mental. Reflita: seu medo de fracassar é tão maior quanto mais seu sentimento de auto-estima basear-se unilateralmente em sua capacidade de desempenho.

A pressão da sociedade para a funcionabilidade é intensificada, não raro, pela nossa própria pressão e ambição doentia, de não fracassar de maneira alguma. Somos exortados a desenvolver uma ordem de valores, na qual, ao lado das capacidades de desempenho pessoais, também tenham lugar outros ideais, que dêem sentido e plenitude à vida.

Índice